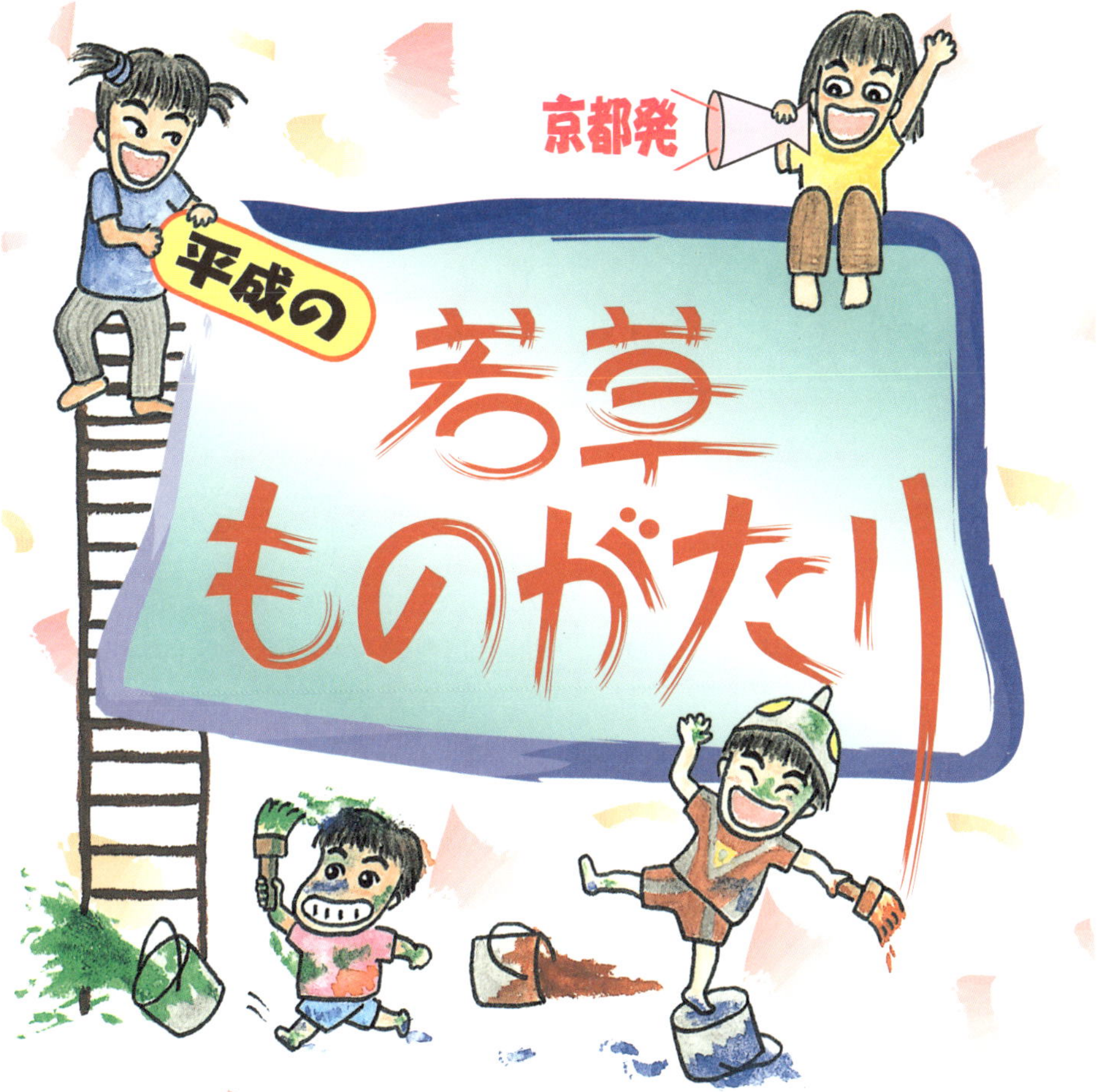
京都発
平成の
若草ものがたり

清水　秩加

北大路書房

はじめに

最近、子どもに関するニュースは、暗いものばかり。子育てしにくい環境《かんきょう》や社会がクローズアップされ、なんだか、子育てをしている当事者には、お先まっ暗という感じ。子どもを産もうと思っている人も、ためらってしまうのではないかなぁ。

子どもっていうイキモノは、物は散らかすし、服はよごすし、まとわりついて離《はな》れない。いうことは聞かないし、病気もよくするし、お金もいっぱいかかる。なんといっても、自由に使える自分の時間を奪《うば》ってしまう。独身時代には、すべてが自分の時間だったのにね。ストレスがたまりまくって、バクハツする人もいる。そう、子育てって、タイヘンナノダ。

だけど、やっぱり楽しいのよね。いっしょに、散歩をしたり、昼寝《ひるね》をしたり、料理をしたり、お話をしたり、なんでもないことなんだけど、子どもといるだけで、心がふわぁっとあったかくなる。どんなに疲《つか》れていても、子どもの笑顔を見ると吹っ飛んじゃう。つくづく、不思議な存在《そんざい》だなぁって思う。

世の中は、より早く、よりカンタンに、より静かに、より清潔《せいけつ》に、と流れているけど、子育ては、ナント、逆《ぎゃく》をいく。だからこそ、私たちおとなが失ったモノ、忘《わす》れたモノを思い出させてくれる。何が大切なのかっていうことを、考える機会を与えてくれる。子育てをしながら、未熟なおとな自身が成長していくノダ。そう、子育てのプラス面って、いっぱいある。何より、一人ひとりの「命」の存在を、すんごい迫力《はくりょく》で教えてくれる。

そんなことを、グータラな母親と理解《りかい》ある父親としっかりした四人の娘《むすめ》たちの飾《かざ》らない日々を通して、伝えたかったわけ。で、文章だけでなくカラーマンガ（初挑戦《はっちょうせん》デス！）でも、つづってみました。

いま子育てをしている人や、これから子育てをしようとする人はもちろん、すでに子育てを終えた人にも、あるいはまったく関係ないと思っているおとなにも、そして、子どもたちにも、読んでほしいなぁ。親が文章を読んで、子どもがマンガを読んで、という光景を思っただけで、ワクワクしてしまう。

これは私の成長記録でもあるので、見比《くら》べてもらったら一目でわかるのですが、最初のころのマンガと、最後のマンガ。ずいぶんタッチが変わってるでしょ。かいていくうちに、自分が気持ちいいと思う線を、見つけていったのです。肩《かた》の力を入れずに自然体で生きる気持ちよさをいま、実感してます。あの名作『若草物語』にちなみ『平成の若草ものがたり』と名づけました。

それでは、ごゆっくりお楽しみください！

♥本書はふりがなつきですので、小学校高学年（五年）から読んでいただけます。

もくじ

がんばらんと手ぇぬきゃ〜〜

「あーちゃんが髪《かみ》の毛ひっぱらはったー」

「ふーちゃんがかまはった」

「ぎえ〜」

ドドドドドーッと走りまわる音で始まるいつもの朝。わが家は毎日が、運動会だ。夜おそくまで仕事をしている私にとって、これはきつい。が、最近長女が料理の腕《うで》をあげ、朝

ごはんのしたくをして、先に妹たちに食べさせてくれる。これは何よりありがたい。

「今日のみそ汁《しる》、うまいこといったし、おいしいで」

と、自信たっぷりの長女。うっ、この日を待っていたのよ。もっとレパートリーもふやして、夕食もよろしく！　なんて、思いながらニタニタしてしまう。親がぐーたらなほど、子がしっかりするというのは、ほんとうだ。

長女を産んだころ、私は今では考えられないほど、カンペキ主義者だった。そうじなんていうと、そうじ機を部屋《へや》のすみからすみまで念入りにかけ、それが終われば、あちこち水ぶきをし、ガラスをふき、家具はワックスでみがく。毎日、このフルコースをしないと

落ち着かなかった。赤《あか》ん坊《ぼう》をかかえて、ここまでしようとすると、一日中そうじ。とにかくいそがしかった。長女が、生後二か月で川《かわ》崎《さき》病になって入院し、無事《ぶじ》家にもどってきたときは、五か月。通常の家事と育児のうえに、川崎《かわさき》病による後遺症《こういしょう》のための薬を一日三回飲ませ、常《つね》に顔色に注意しておかないといけなかった。いそがしいをはるかにこえて、ターボエンジンフル稼働《かどう》。笑うことができなくなっていった。

そんなとき、知人にいわれたひとこと。

「あんまりがんばらんと、手ぇぬきや～」

アラ、不思議。すーっと全身の力がぬけた。それからというもの、ぬきすぎかも。なんとかなるさ、ケセラセラ。

てなわけで、四人の子持ちになったいま、イロイロあってたいへんだけど、笑けちゃうほうが多い。

四人姉妹。

それはもう……スゴイです。

平成の若草物語
No.1
清水秩加
この物語は、すべてノンフィクションです
長女 小四 まーちゃん
次女 小三 みーちゃん
三女 保育園 年少 ふーちゃん
四女 保育園1才児クラス あーちゃん
わが家の毎日は こうして はじまる
ドドドドド〜
ひぇ〜
ドドドド〜
あ、あのな〜
きゃ〜
きゃ〜
華やかな 四人姉妹では ないけれど
キャハハハ
ホーホッホッホッホッ
とってもハッピーでゆかいな四人姉妹ものがたりのはじまりはじまり〜〜!?

今日も、おかわりの嵐《あらし》が吹き荒《あ》れる！

食欲《しょくよく》の秋にかぎらず、わが家の食卓《しょくたく》はいつもにぎやか。六人家族ということもあるが、暑い夏であろうと寒い冬であろうと、みんなじつによく食べる。たとえ、三十九度の熱があっても、おかゆの鍋《なべ》をかかえて食べてしまう。

大皿にどっさり盛《も》りつける中華《ちゅうか》料理をした

ときには、全員ファイアー。小皿に、どんどん取っては食べる。夢中《むちゅう》だから、そばに置いてある汁物《しるもの》やらお茶やらをよくひっくり返し、そのたびに私と夫が、台ふきんとぞうきんを持って走る。食べているより、食卓《しょくたく》の下にもぐって、そうじしているほうが多いときもある。食卓《しょくたく》の上では、必死で食べる娘《むすめ》たちと、下では、必死でそうじしている私たち。たがいに、すごい戦いなわけで、だんだん笑けてきて、食卓《しょくたく》の下に座《すわ》りこんで大笑いしてしまう。で、やっとそうじが終わって、食べようと座《すわ》ったら、ナイ、ない。おかずがナイ。こうなったら、ごはんにふりかけ。

　娘《むすめ》たちが大好きな食べ物、たとえばたくあんを切ると、「一人何切れ」ってちゃんといっ

とかないと、たちまち取りあい。一切れでも端数《はすう》が出ると、ジャンケン。ズルしたら、血をみるかもしれない勢《いきお》いである。それを知らない四女のあーちゃんが、ジャンケンしている間に、パクッ。なーんてことがよくある。わけのわからないおチビに、取られてしまっては何もいえない。

「もう、しゃーないな」

と思えるまでの三人の耐《た》える姿《すがた》が、なんともかわいい。

食べ物をめぐって、ケンカしてしまうなんて、いまどきめずらしいのかもしれない。が、ひと昔前の子どもたちみたいに、素朴《そぼく》で食べることに真剣《しんけん》なのがいいな、と思う。

保育園《ほいくえん》に三女と四女をむかえに行くと、それぞれのクラスの保母《ほぼ》さんに「給食のおかず何回もおかわりしてねー。たくさん食べたんよ」と、同じことをいわれる。思えば、長女と次女もよくいわれていた。それを聞くたび「あー、わが子だ」と実感してしまう。

日曜日の昼ごはんは、たいてい長女のつくる野菜たっぷりラーメン
おいしい♥ これ3杯め!
2杯めだもん
きれいに食べてよね
ちょっとずつ3杯め
レロレロレ〜
……
ごちそーさまー
おなかすいたー
こうゆうときはおにぎりおにぎり
わぁ〜〜い♥
ぎゅっぎゅっ
ガッ
ガッ
ガッ
ガッ
ガッ
ガッ
ハイエナのように 食べつくす 四人
じゃいけんで ホイ!!
あいこでショ!!
あと1個になるときまって必死にじゃんけんをする
ヌ〜
が、最近このパターンが多いのである…
バシバシ
ザブッ
うおーん

ただ今創作《そうさく》中。失敗なんかにメゲへんもん

ゴミ問題が深刻《しんこく》ななか、申し訳《わけ》ないがわが家のゴミはふえている。ゴミの発生源《はっせいげん》は、娘《むすめ》たちの作品づくりで、箱の切れ端《はし》や紙くずがほとんどだ。あき箱を見ると何か作りたくて、メラメラ燃《も》える娘《むすめ》たち。最近は、四女も加わっているから、箱一つで大騒《さわ》ぎになる。

「なぁ、この箱ちょうだい」

と二女のみーちゃんが、置いてあったあき箱を目ざとく見つける。と、とたんに「ふーちゃんもほしい」「わたしも」「おちぃ、おちぃ」と叫《さけ》ぶ三女、長女、四女。「いややー」「ぎゃー」「ジャンケンしよ」「いやや」の取りあいがはじまる。こういう光景が、わが家では毎日のようにみられる。たいてい、二女のねばり勝ちになる。といっても、ほとんど泣き落とし。二女の物づくり好きには、まだ、だれも勝てないでいる。

二女は二歳《さい》のときに、紙ねんどで「かえるのおやこ」なるものを作り、私と夫はぶったまげた。かえるの形をした大きいのと小さいのがたしかに抱《だ》きあっていたのだ。

とにかく細かい物を作るのが、そのころか

ら好きだった。お菓子《かし》によくついているプラモデルや雑誌《ざっし》についているふろくなど、夢中《むちゅう》で作る。箱は、すぐさまはさみでジョキジョキ。つぶした箱に親指の爪《つめ》ほどの人間や動物をかく。それを切りぬいてつまようじにはりつけて、超《ちょう》ミニミニペープサートを作ったりする。作ったあとは、満面の笑顔で上演《じょうえん》がはじまる。

必ず満足できるものが作れるわけではない。途中《とちゅう》、どうにもならない失敗をしてしまうと「ぐわぁー」とパニックになり、ドタバタ暴《あば》れまくる。

「みーちゃん、芸術《げいじゅつ》家になったら、ちょっとこわいもんがあるなー」

と有名な画家の人生が、ふと頭をよぎる。暴《あば》れる横で、ノーテンキにおどる私たちを見て、泣き笑いしながら立ち直ってくれる。

今のうちから失敗をいっぱい経験《けいけん》するのはいいことだと思う。二女が自分をコントロールできるまで、おどっちゃおうかな。

箱のとりあいは いつものこと
いやあ〜
い〜
バシッ
ギュー
ガブッ
やったー!
うほほー
ねばり勝ちのみーちゃん
箱で何かをいっしょうけんめい作るんだけど…
お…
ひえ〜〜〜
ポロッ
こうゆうことがよくある
ギャあー
びー
うおおー
ぎーえー
うわあー
そういう時は
よいよい
ひゃひゃひゃ
うっきっきー
ちゃーちゃー
おどる おどる
気をとりなおして再度ちょうせん
一件落着!!
ほっ

本の魔法《まほう》で、ビビデバビデ……

雨の日が続くと、骨《ほね》が湿《しめ》って気分も湿《しめ》る。娘《むすめ》たちはというと、家の中でしか遊べないので、せまい部屋《へや》でかくれんぼや鬼《おに》ごっこをして、ドッスンドタバタ。押《お》し入れの戸ははずすわ、障子《しょうじ》は破《やぶ》るわ、たいへんな騒《さわ》ぎである。

もちろん、ケンカも多い。

「ッタク。本でも読んだら」

なんていっても、

「だって、読みたくないもん」

で、上の二人《ふたり》は知らんぷり。三女のふーちゃんと四女のあーちゃんは、保育園《ほいくえん》でいっぱい絵本の読み聞かせをしてもらっているので、絵本は大好きである。ひまさえあれば、絵本を開いて、絵を読んでいる。夜、寝《ね》るときは必ず、「これ、読んで」と、それぞれ二冊《さつ》ずつ持ってくる。


長女のまーちゃんも二女のみーちゃんも、保育園《ほいくえん》時代はこうだった。が、小学生になると、とたんに私も夫も読み聞かせをしなくなった。下の二人《ふたり》に手を取られるし、上の二人《ふたり》は自分で読めるし、「まぁ、いいか」と流してしまった。すると、どんどん本に興味《きょうみ》を示さ

なくなってきた。

長女も二女も年齢《ねんれい》とともに、いろんなことに興味《きょうみ》を持つようになってきた。服装《ふくそう》、容姿《ようし》、異性《いせい》、芸能人《げいのうじん》情報などなど、思春期にさしかかってきたのかな。自分に自信が持てなくて、ションボリすることもあるようだ。本にはいろんな考え方や価値観《かちかん》がつまっている。読めば、元気になったり癒《いや》されたりするだろう。彼女《かのじょ》たちにも、そんな本の魔法《まほう》にかかってほしいものである。さぁ、本離《ばな》れした彼女《かのじょ》たちを本の世界にどう引きこむか。

子どもの本には、すぐれたものがたくさんある。近くの子ども文庫では、本好きなおばちゃんたちが、それぞれの子どもに合う本を、ていねいに選んでくれる。久《ひさ》しぶりに長女と二女にも合う本を選んでもらって、読み聞かせをがんばっちゃおうかな。

継続《けいぞく》は力なり。

私の世界もきっと広がる。

子どもの本には
おとなも楽しめるものが
たくさんある
雨の日には
ケンカが多いので
本でも読んだら
きッ〜
バシッバシッ
ガブッ
テレビ派
キャハハハ
まてー
絵本派
結局 いつもこうなる
悩みがふえてきた長女と二女
テスト
テスト
テスト
そんな二人には…
本の魔力ダ!!
それには まず読み聞かせ
楽しくがんばろっと!!

なんでウルトラマン？　カッコエエやん！

風が、ずいぶん冷たくなってきた。今年流行のグレーのコートを着て、横断《おうだん》歩道を颯爽《さっそう》と歩く女の人とすれちがう。じつにカッコイイ。私はというと、まだ半袖《はんそで》のTシャツにオーバーオール。少々寒くても、小さいころから半袖《はんそで》ですごしてきたので、そのクセがいまだにぬけない。どこへ行くのも自転車、という

こともある。

この時期、自転車で走っていると、澄《す》んだ冷たい風が、ここちいい。ゆっくり楽しみながら走るのが好きだ。が、そんな余裕《よゆう》のないときもある。保育園《ほいくえん》へおむかえに行くときは、ママチャリ競輪選手。前を自転車で走るおばちゃんたちを次々にごぼうぬき。商店街をあっというまに走りぬけ、車一台がやっと通れるせまい道をガンガン飛ばす。保育園《ほいくえん》に着いたときは、汗《あせ》だくである。だから、まだ半《はん》袖《そで》のTシャツでじゅうぶん。

「ピンクはいやや、女もんやし」

といって、いつも青色、緑色、黒色の服にこだわるのは、三女のふーちゃん。靴《くつ》は「ウルトラマン」。おもちゃも、買うものすべてウル

トラマンとギンガマン。必死のおねだりで、買ってしまったウルトラマンの変身スーツは、今や休日のユニホームになった。買い物に行って、お店のおばちゃんに、「おにいちゃん、男の子用のパンツはこっちやで」といわれ、ニンマリ。体の構造《こうぞう》上、女の子だといっても聞き入れない。

「カワイイよりカッコイイほうが好きやから、ふーちゃんは男やの」

という四歳《さい》児。お姫《ひめ》さまごっこより、忍者《にんじゃ》ごっこ。カッコイイに対するこだわりは、かなり強い。カッコイイ女だっているんだけどな。最近、「冬用のウルトラマンの服、買ってな」と、テレビのＣＭを見て目を輝《かがや》かせている。

家族そろってこの時期に外出すると、セーター、半袖《はんそで》、ウルトラマン、と着ているものは、てんでバラバラ。自分にピッタリくるここちよさのちがいかな。人とはちがっていても、自分に正直でいるってコトは、けっこう気持ちいい。

休日の朝
いつもマイペースの三女
ふぁ〜
着がえてごはん食べや！
着がえるとウルトラマンに変身する
いえーい
長女と二女は何も言わなくても
うふふ
えへへ
女の子になっていった
しかし三女は何も言わなくても
あーちゃんがいもうとで
ふーちゃんがお兄ちゃん!!
あい!!
男の子になっていった…
どんなにおだてても
にあうよー
かわいいよー
ほらきてみてー
ぶん
キョーミをしめさない
男の子用
これ買って〜
ぱんち
どこでどうしてこうなったのやら…
これからどう変身していくのか
すっごく楽しみでアル

ダイジョブかな？　いつものお菓子《かし》、くだもの、野菜……

「ミカンに、タマネギ、ブロッコリーと……」

週に一回、生協の共同購入《こうにゅう》の日は、すごい量の食材を注文する。安売りで有名なスーパーが近くにあるが、ほとんど行かない。野菜やくだものは、産地が明記してないと買うのをためらってしまうクセがついているのだ。

長女が川崎《かわさき》病になったとき、原因《げんいん》ではないかと疑《うたが》われるものは、使わないようにしようと決めた。合成洗剤《せんざい》、農薬や添加《てんか》物をたくさん使った食材など。それまでは、何の疑《うたが》いもなく使っていたものを変えるのは、ちょっとたいへんだった。

なんといっても、値段《ねだん》の差が、家計を直撃《ちょくげき》する。野菜の値段《ねだん》を比《くら》べながら、ため息をつく日が続くが、慣《な》れるとこれが、趣味《しゅみ》になってくる。旅行に行っていても、「あっ、あそこに生協が！」なんていわれると、ふり向かずにはいられない。無農薬や有機栽培《さいばい》の野菜や無添加《てんか》食品ばかりをあつかう宅配《たくはい》グループには即《そく》、入ってしまう。

といいながら、ついつい値段《ねだん》に負けてしま

う時期があった。一か月のスゴイ食費を考えると、やっぱり質より量と値段《ねだん》。店先のくだものの値段《ねだん》を見て、「これ、ください」といったが最後、次々に、安いものを買ってしまった。あるとき、うれしそうにみかんを食べている娘《むすめ》たちの手元を見て、「しまった」と思った。皮が農薬で白い……。

食生活について、改めて考えなおすきっかけになった。四女のあーちゃんが、アトピッ子だとわかったこともある。たまごを食べると嘔吐《おうと》し、牛乳《ぎゅうにゅう》を飲むと下痢《げり》をし、じゃがいもを食べると湿疹《しっしん》が出た。気にせずに、そのまま食べさせ続けたら、もっときついアトピーになっていたかもしれない。「まぁ、いいか」と、流すことはカンタン。が、立ち止まって、じっくり考える時間は必要だ。

今、環境《かんきょう》ホルモンなるものが、人体に及《およ》ぼす影響《えいきょう》が深刻《しんこく》な問題になっている。知れば知るほど、子どもが口にするものが気にかかる。命にかかわること。無関心ではいられない。

1
四女のあーちゃんの食欲は、はっきりいってスゴイ!
まんま あかん!!
朝、目覚めと同時に何かを食べないとあばれまくる習性がある
2
あーちゃん、また食べすぎたんとちがうかなぁー
だいじょうぶか
うう〜
3
たまごやき
たまご入りおじや
たまごボーロ
でも、よくよく考えると、卵をつかったものを食べたあとにかならず嘔吐していた
4
病院で検査してもらったらやっぱりアレルギー反応が出た
採血中
カチンコチン
泣かないの一 えらいねえ
5
卵、牛乳、じゃがいもを食事から除去することをはじめた。
除去食する前
口のまわりはいつも赤く、お肌はザラザラ
除去食した後
お肌スベスベ
6
ムシムシ ムシムシ
ムシムシ ムシムシ ムシムシ
ム・ム・シ
かわいい♥
除去食づくりには、やっとなれてきたが、無農薬野菜についている虫さんには、いつまでたってもなれないでいる

やれる人がやれるときにやれるだけやれば

男の人が、台所で料理をしたりアイロンをかけたりするのは、私にとっては、自然なことだった。父が、そうだったからだ。十八歳《さい》という若《わか》さで私を産んだ母は、家事がほとんどできなかったため、自然に父が手伝うようになったという。

大学時代、ひとりぐらしをしていた夫は、

近くに住んでいる大学の先輩夫婦《せんぱいふうふ》の家で、ごはんをよく食べさせてもらっていた。そこで、先輩《せんぱい》が料理を楽しそうにしたり、夫婦《ふうふ》で家事を分担《ぶんたん》している姿《すがた》に、驚《おどろ》き感動した夫。結婚《けっこん》するとすすんで家事をした。「がんばって家事をしなきゃ！」と意気《いき》ごんでいた私は、拍子《ひょうし》ぬけしたと同時に思いっきりカンゲキした。

夫は「やれるときにやれる人がやれるだけやればいい」という。そのことばに思わずうなずいてしまった。夫婦《ふうふ》といっても、もとは他人の男と女が共同で生活しているのだから、当然といえば当然なのかもしれない。

「男女平等の社会にしないといけない」と声高に訴《うった》えている男性が、家ではまるでお城《しろ》のお殿様《とのさま》であったりする。共働きで同じよう

に働いていながら、家事も育児もすべて妻《つま》の仕事。「なんで私だけが……」とグチる妻《つま》がいる。専業主婦《せんぎょうしゅふ》も、何もしてくれない夫にイライラし、「亭主《ていしゅ》元気で留守《るす》がいい」なんていってたりする。夫婦《ふうふ》ってなんだろう、とふと思う。

夫は、自分に厳《きび》しく、人にも厳《きび》しい人である。情報誌《じょうほうし》の編集《へんしゅう》やイベントをプロデュースする仕事をしていて、人を見る目もけっこう厳《きび》しい。夫婦《ふうふ》であっても、私を一人《ひとり》の人間として見ている。

育ってきた環境《かんきょう》もちがえば、価値観《かちかん》もちがう。共同で生活をしていると、そのちがいはたとえ小さなことでも気にかかる。そんなとき、私たちは納得《なっとく》いくまで話をする。話をすれば、解決策《かいけつさく》はきっと見つかるもんである。あまったれたことといってるとガツン、と爆弾《ばくだん》を落とされることもある。夫婦《ふうふ》も親子もいかにうまく関係をつくっていくか。そしていかに家族として運営《うんえい》していくか。なんか会社と似《に》ているなぁ。

せんたくものを
シワシワでしか
ほせなくても
おしめ
おしめ
おしめ
おしめ
そうじきを
まーるくしか
かけられなくても
おむつがはみだしたまま
でしか
はめてやれなくても
アイロンをかけたらグシャグシャ
になってしまっても
それぞれが
やれることを
やる
おもちゃ
そして、この ひとこと…
ありがとねー
いやこっちこそ
ありがとー
これで 今日も一日
がんばれちゃう
よっしゃ

木のおもちゃのあったかさに夢中《むちゅう》

竹とんぼ、水でっぽう、弓矢。昔、祖父《そふ》が竹で作ってくれたおもちゃは、どれもこわれるまで、何度も夢中《むちゅう》で遊んだ。おもちゃ屋で売られているおもちゃも好きだったが、あの素朴《そぼく》で竹の香《かお》りがプーンとする手作りおもちゃを思い出すと、今でも胸《むね》の奥《おく》がぽかぽかあったかくなる。

長女が生まれたころ、部屋《へや》がせまいこともあり、おもちゃはシンプルなものを、少しだけあたえようと思っていた。それが、初孫ということで、実家から両親が来るたび、おもちゃはふえていった。年子で二女が生まれると、同じモノが二つ、どんどこくるわくるわ。大型の乗用玩具《がんぐ》を二台かかえて持って来たときには、倒《たお》れそうになった。

　おもちゃ屋さんができそうなほどのおもちゃはどれも、ちょっと遊ぶとあきてしまうモノばかり。派手《はで》なデザインに、うるさいまでの電子音。ほっと落ち着くようなモノはなく、おもちゃって、じゃまで、なくてもいいモノだと思うようになった。

「おもちゃは、子どもにとって、とても大

事なモノなんですよ」

七年前に上の二人《ふたり》が通っていた神戸の保育園《ほいくえん》の園長先生は、私が今までに出会ったことのないおもちゃの世界を教えてくれた。その保育園《ほいくえん》にあったのは、穴《あな》に玉を入れると、その玉がスロープをころころ転がり、最後にシロフォンを鳴らす木のおもちゃだった。

単純《たんじゅん》なつくりだが、シロフォンのきれいな音が聞きたくて、何度も玉を転がして夢中《むちゅう》で遊ぶ子どもたち。どこか懐《なつ》かしく、こんなに温《あたた》かくてやさしいおもちゃがあるのかと、鳥肌《とりはだ》が立つほど感動した。それからというもの、木のおもちゃのとりこ。見てるだけでも、ワクワクしてしまう。

当の娘《むすめ》たちは、木のおもちゃを目の前にしても、どうしても刺激《しげき》的なおもちゃに魅力《みりょく》を感じてしまうようで、私一人《ひとり》はしゃいでいたりする。が、いつか、このよさがわかってくれたらいいなって思う。私が、好きでいれば、伝わるかな。

はやくもおもちゃ屋さんでもらってきたクリスマスカタログで盛りあがっている娘たち
これとこれとこれもほしいナー
これ!
みーちゃんサンタさんに何たのむ?
何にしよっかなー
ほしいモノはどれも派手系のおもちゃ
私は木のおもちゃが好き 娘たちにも このよさを伝えたい
ふふふ♥
だから…
ざんねんでしたぁー
どーして～
ガブッ
ウルトラマンのバンバンほしいの!!
なんで!
「サンタさんはね おもちゃ工場で 一つ一つていねいに 心をこめて おもちゃをつくってる から、木のおもちゃ しか持ってこない んだよー」と毎年言い 続けている
ちょっと強引ダケド

子は親を映《うつ》す鏡。わかってるんやけどなかなか

私「はよ、おふろ入りや」
長女「はーい」
私「なにしてんねんな、はよ入って」
二女「わかってるって」
私「まだ入ってへんやんか、はよはよ」
長女「はいはい」
私「ハイは一回！」

二女（ボソッと）「もー、うるさいな」
私　「なにぃー、うるさい？」
長女、二女「ふーんだ！」
といいながら、足でドスドス。

子どもが親にいわれたくないことば「早くしなさい」を連発してしまう。いってはいけない、と思いつつ、毎日バクハツ。ほっておけばいいのに、ほっておけない。待てばいいのに、待てない。余裕《よゆう》のないときほど、やまんば顔でバンバンいってしまう。それを見た夫が、「口、チャック！」というと、われにかえる。しばらくはそのひとことが効《き》くんだけど、効《き》き目がきれかかると、王様の耳はロバの耳状態《じょうたい》。いいたくていいたくて、ウズウズ。そして、またいいはじめる。そのくり返し。

私も子どものころ、母からよくいわれた。今でもいわれるけど。いわれるといやなことばなのに、自分がいうぶんには、何も感じない。「自分がいわれていやなことは、人にはいうな」って娘《むすめ》たちにいっているのに、ムジュン。「みーちゃん、はよしいや。何してんねんな。はよ行くで」と、気づくと長女の口ぶりが、私そっくりになっていた。顔のこわさまで似《に》ている。こりゃ、まずい。

こういうことは、子育てをするようになって、よくある。子どもが鏡になり、自分という人間をはっきり映《うつ》し出してくれる。いいところも悪いところも。自分がイライラしていると、子どももイライラ。家庭内伝染《でんせん》する。自分が親になったら、理想の親道を極めてやる、なーんて思っていたのに……。

でも、軌道修正《きどうしゅうせい》は気持ちしだい。娘《むすめ》のふり見て、わがふり直せる。ある雑誌《ざつし》にあった「育児と育自」ということばが気に入っている。子どもを育てながら、親自身も育つ。私を見て、「最近、明るいなぁ」という長女。子どもは、親のことをよく見ている。あー、こわ。

私は小さい頃から
両親によくおこられた
ガミガミ
わたし
MAMA
だから自分が親になったら
絶対おこらないたたかないけらない
やさし〜い
やさし〜い
母になる!!
と心にかたく
ちかったのだった
しかし…
ひーだ
このやろー
あーん
まんまんまー
POTE POTE
うるさい!!
手は出さないけど
口うるさい母に
なってしまっていた
ピタッ
ピタッ
ピタッ
ピタッ
はよかたづけな
いいかげんにしなさい
ぎゃあ
はよおふろはいりなさい
エプロン
ふと気づくと
オニがいっぱい
気づけば
かわればいいノダ
笑う門《かど》には
オニ消える
ぴ〜
う〜
わぁ〜
まんまー
BANDANA

ぐーたら母にしっかり娘《むすめ》はホンマの話

「トントントン……」台所から聞こえてくる包丁の音。漂《ただよ》ってくるみそ汁《しる》の香《かお》りで目が覚める朝ほど、気持ちいいものはない。時に、四女あーちゃんのおむつをしたおしりから漂《ただよ》うにおいで、目が覚める朝もあるが。

長女のまーちゃんが、朝食を作るようになって、私はぐーたらを極めている。「あと五

分、あと三分」と、ふとんにもぐりこんでしまう母に、「起きてやー。ごはんできたで」と、呼びにくる娘《むすめ》。このサカサマ現象《げんしょう》が、なんともここちよくてやめられない。

買い物にいっしょに行くと、どっちが母親だかわからない。

「もうなかったしー」とごま油を、「たまご焼きには、あれ入れるとおいしいから」とネギを、「これ、朝食べるし」と納豆《なっとう》を、どんどんカゴに入れる長女。私は、長女についてウロウロ。すごく頼《たよ》りになる娘《むすめ》である。

おふろそうじとせんたくものたたみは、当《とう》番制《ばんせい》。今のところ、長女と二女が交替《こうたい》で担当《たんとう》している。

「なんでやらなあかんねんな」から、「やっ

てみるとおもしろい」になってきた。やればやるほど、スペシャリスト。「私、ごっこ遊びしながらせんたくものたたんでるんやで。そうしたら、早いことできる」と、それぞれが教えにきてくれる。

この前、おふろ場のカビが気になったので、娘《むすめ》たちが学校から帰ってくる前に、私がそうじしておいた。カビとりができるのは、私だけだ。

「すごいだろー」といわんばかりに、「ほら、カビとってきれいになったで」と、誇《ほこ》らしげにいうと、「ありがとう、助かったわ」とひとこと。ガクッ。娘《むすめ》たちのほうがうわてだ。

子どもも、家事をすれば、いっしょに生活をしている一員であることを、実感する。それに、私の時間もふえる。三女が、アイロンのおもちゃで、ていねいにアイロンがけしているのを見て、「ヨシヨシ、そのちょうし」と、ニタニタ。まるで、赤いりんごを持った魔《ま》女《じょ》。三女、四女も加わり、より強力な家事分担《ぶんたん》チームができる日も近い。

長女の朝食づくり
トントン
まんまー!
そして、おなかをすかせた妹が
ぐ〜ぐ〜
Book
段取りが悪いので夜遅くまで仕事をしている私はいつもねぶそく
おっはよー
おはよー
まんまぁ
今日の夜、食べようと思って買ってきておいた高級どうふが…ナイ…
はりこんで買ってきたのに〜
超ハードな一日をおくっている夫も私同様いつもねぶそく
おはよーさん
おはよー はい、あーちゃん
やったー
とうふ全部入れた?
す、すごい量
なみなみ
うん!!
というわけで“遅起きは三文の損”うるうる
まんまあーん
スコップで食べてる…
高級どうふ…
うん、うまい!
おいしいよ

幼《おさ》な子と、空を見上げて……

子育てをしていると、「なんで、こんなときに」って思うことばかり。

明日は、保育園《ほいくえん》の行事があるから、「がんばっていこう！」とはり切っていると、カゼでだれかがダウン。買い物しているときに、「おトイレ行きたい」。仕事がいそがしいときに、「授業《じゅぎょう》参観、絶対《ぜったい》来て」。おいしいごちそ

二度と来ない子ども時代を
んんん…(お月さまとって!!)
長女 二歳の頃
娘たちとまた楽しめて
ほら、ゆきうさぎ
二女 二歳の頃

うを食べているときに、「おむつ、ビチャビチャ」。両手にいっぱい荷物を持っているときに、「だっこぉー」。まだまだある。

子どもは、親を困《こま》らせる。でも、親も子どもを困《こま》らせる。親の側から見た都合《つごう》と子どもの側から見た都合《つごう》。おたがい、「思うようにならない」と思っている。どちらも、「思うようにする」ためになんとかしようと主張《しゅちょう》したり、ゆずったりしながら、納得《なっとく》いく方法を考えている。そう、こんなふうに少し考えられるようになるのは、話すとわかる年になってからのこと。

三女、四女の場合には、これがなかなかむずかしい。だから、親も子もむりやり思うようにしてしまう。親はいいくるめの術《じゅつ》を使い、

忘れていた何かを
思い出す
オニさんこわい〜っ
そして
心があったかくなる
いっちきまーす

三女　二歳の頃

四女　二歳の頃

子は泣き落としの術《じゅつ》を使う。どちらも必死。

四歳《さい》の三女は、ずいぶんとこちらのいうことがわかってきたので、なかなか手ごわい。泣き落としの術《じゅつ》に、みがきがかかってきた。

自分の思うようにならない子どもは、おとなにとっては、わけのわからない宇宙人《うちゅうじん》的存在。でも、いっしょにいることで、昔、自分も宇宙人《うちゅうじん》だったころを思い出し、心がポッとあったかくなる。

「さぁ、寒いから、家に入ろうか」と三女にいうと、「まだ、いやや」と入ろうとしない。「なんで?」と聞くと、「だって、お月さまとお星さまが、おててつないでるんやもん」と、うれしそうに空を見上げている。四女も「おつきしゃま、まんま」と、ピョンピョンとびはねている。ふと、つられて空を見る。空を見上げることなんて、最近ないなぁ、と思いながら、子どもの顔を見ると、キラキラした目に、お月さまの光がとけている。

限《かぎ》りなくいとおしく感じる瞬間《しゅんかん》を重ね、人はやさしくなれるのかもしれない。

いや!! あかん!!
ズボンはいて
三女、四女を見ていると
二度とこない
けけけけ
ゲッ
ぶうぶう
子ども時代を
かわかわ～
あのね…
とっと
いっしょに
だめっ!!
ヨシヨシ
ぽっぽこわい
ぽっぽっぽー
楽しめるなんて
ほんとだー
なんかはこんでる
ありちゃん!!
すっごく
長女・二女は年子だったので今ほどゆっくりゆったり見てあげられなかったなぁ
しあわせなことだナってつくづく思う…

わが家に大そうじはない、けど……⁉

今年もあともう少し。「大そうじ、しとかなあかんな」「仕事も、年内にやらんとあかんことが、まだまだある」と、いう毎日。あれもこれもしないといけない、と頭の中がいそがしくて、気だけ疲《つか》れる。その点、子どもたちは、ノンキでいい。「クリスマスケーキは、チョコにしてな」「明日の夜、サンタさんくるかな」

ホコリというものは
すぐにたまる
結婚当初は
セッセとそうじを
したものだが

「お正月、もうすぐやし、なんか楽しいことばっかりあるな」と、ワクワクしている。

おとなも、いそがしいのを楽しめたらいいなって思うけど、なかなかそういうわけにはいかない。十二月に入るなり、顔色が変わったりなんかする。通りを走る車は、あせっているし、買い物する人も、あちこち小走り。年末、おとなはタイヘンなのだ。

私も、そのあわただしさに巻《ま》きこまれそうになるけど、意外とマイペースを保《たも》っている。というか、何も考えずに、ボーッとしているだけ、ともいえる。これは、私の特技《とくぎ》。好きなお菓子《かし》をバリバリ食べて、ゴーロゴロ。重力に逆《さか》らわず、横になることの、なんと気持ちいいことか。「ごくらく、ごくらく」という

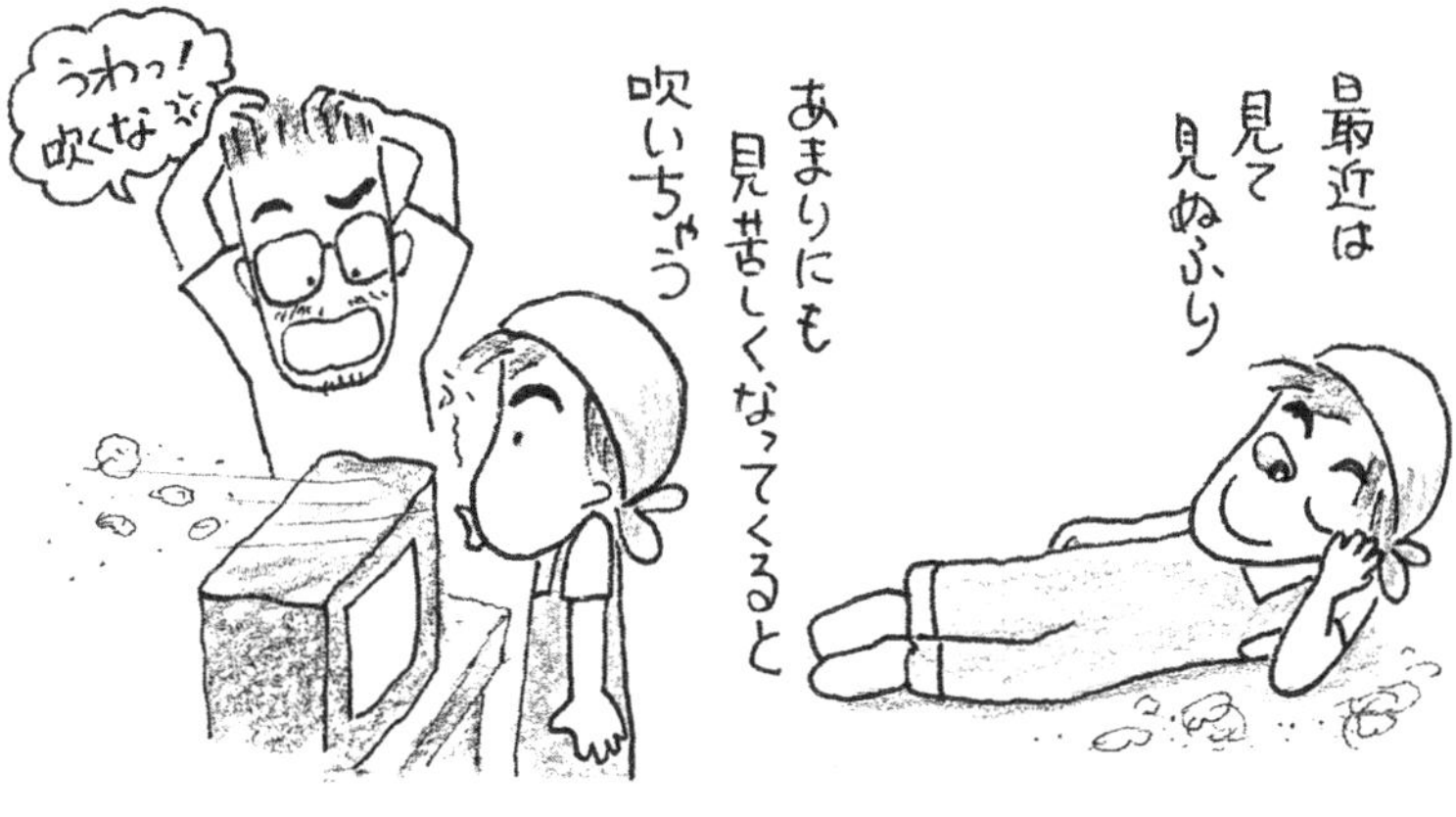
最近は見て見ぬふり
あまりにも見苦しくなってくると吹いちゃう
うわっ！吹くな☆

私の横に、並んでゴロゴロする四人の娘《むすめ》たち。

やはり、娘《むすめ》は母に似《に》る。

で、わが家の大そうじは、ない。「下の子に手がかかって、できない」という私の理由と、「毎日、きれいにしているから、しなくていい」という夫の理由から、毎年そうなっている。あるとき、「二階の部屋《へや》、雪が降《ふ》ってるで」と娘《むすめ》たちがいいにきた。行ってみると、窓《まど》から強い風が入ってきて、ほこりの雪が降《ふ》っていたのだ。「雪だ、雪だ」とはしゃぐ子どもたちと大笑いする私の横で、夫が大急ぎでそうじ機をかけていた。

そろそろわが家も、大そうじしたほうがよさそうだ。ピッカピカに家中みがくため、「じゃまよ、のいて」と、子どもたちを追い出すより、子どもたちを巻《ま》きこんでいっしょにやるほうが、楽しい。ぞうきんを、いっしょうけんめいしぼろうとする小さな手が、なんともかわいい。

わがやの大そうじ
1
おかたじけあーい!!
ドサッ
おかたづけーおかたづけ
2
上の方にたまるほこりたちにサヨナラ
キャ〜
ポロポロ
3
あーの空をこえ〜て
うまれーゆーくたーましいーよ
いっ!!
みんなでみがけばぴっかぴか
きゅ〜
びちょびちょ
4
家の外もきれいきれい
くつにもおみず
うひょー
5
窓をみがけばできあがり
やったーおそうじおわり
ガラススプ
ドテッ
6
べーだ
みかんの皮こうげき
まんま
うっひゃひゃ
あとはゆっくりおひるね
じーじー

いいこと、悪いこと、いろいろあってまた一年

今年一年をふり返ると世間のニュースは、暗いものが多かった。見たり読んだりするだけで、気がめいる。が、わが家のニュースは、明るい。一大ニュースは、なんてったって、テレビ出演《しゅつえん》である。

長女の闘病《とうびょう》記録が再現《さいげん》ドラマ風に取り上げられ、自宅での取材とスタジオ収録《しゅうろく》があっ

子どもたちはミッキーマウスやくまのプーさんが大好き
ふーちゃんミッキー好き♥
だめー
あこがれのディズニーランドに行ったときはしゃぎまくっていた三女
やったーやったー

た。そのスタジオ収録《しゅうろく》のため、私たち家族六人は、初めて近畿《きんき》から脱出《だっしゅつ》した。子どもたちにとっては、初の新幹線《しんかんせん》乗車に、初めて見る東京。

「うわぁー、新幹線や」「ひぇー、ほんまもんの東京や。有名人に会えるかな」と、長女と二女は、感動の連続だった。テレビ局が用意してくれたホテルも豪華《ごうか》で、「なんか、夢《ゆめ》みたい」ばかりを、私はくり返していた。

「今年の夏は絶対《ぜったい》行こう！」といいつつ、子どもが生まれるたびにのびのびになり、なかばあきらめかけていた「東京ディズニーランド」行き。これまで、実現《じつげん》してしまった。

去年の今ごろは暗かった。長女と二女のダブル入院。体の障害《しょうがい》のことや学校生活の中で、

自分に自信が持てなくて、拒食症《きょしょくしょう》になって入院し、学校へあまり行けなかった長女。生まれて初めて体にメスを入れた二女。そんな彼《かの》女《じょ》たちの笑顔が、今年ははじけにはじけた。二人《ふたり》とも自分に自信を少しずつ取りもどし、「好き」っていえるものがふえた。

テレビに出たときなんて、長女はオドオドしている私の横で、司会の草野仁さんの質問に堂々と答えていた。子どもは、知らない間にどんどん成長していく。最近「子どもあつかい、せんといてよ」「友だちなぁ、親のことばにストレス感じてるんやて」のことばに、ドキリとさせられる。去年よりも今年、今年よりも来年、と成長している娘《むすめ》と自分がいる。

一年の中には、いいときも悪いときもある。悪いときこそ、自分という人間が試される。どんなことも、自分の肥《こ》やしにすればいい。前を向いてさえいれば、きっとまたいいことがやってくる。

♥出演《しゅつえん》したのは、「追跡《ついせき》　テレビの主役《しゅやく》」(テレビ東京)という番組。平成十年七月三十一日に放送されました。

1
どんな一年やった？
んー…
2
心あたたまる
雨ふってきたよ
うわー…ありがとうございます
3
笑顔と
ちょっとかわった花やし 描いてみはらへん
いいんですか ありがとうございます
4
やさしさ
ありがとう
おいしそー
こんなにたくさんありがとうございます
たこやき焼いたんやけど 食べてみて
まんまー
やったー
5
そして すっごいパワーを出会った人たちからいっぱいもらった一年だったナ
6
来年も一つ一つの出会いを大切にして
さらにパワーアップするゾ
まってくれよー
きゃー
♪たんぽっぽ ひーらいた～
やっほー

子どもがイキイキするもとは

冬休みだというのに、最近は公園や通りで子どもをあまり見かけない。遊んでいる時間がないし、時間があっても、外には出ない。

「子どもが、変わった」と、よくいわれるけど、私はそうは思わない。子どもをとりまく環境《かんきょう》が変わり、子どもの遊びが変わったのだ。その環境《かんきょう》を決めるのは、親であり周囲の

おとな。最近の親は、公私《こうし》ともに超多忙《ちょうたぼう》な人が多い。お正月だからといって、ゆっくり休める仕事も少なくなってきた。そのうえ、PTA活動、地域《ちいき》活動、ボランティア活動、おけいごとなどなど。一人《ひとり》何役もこなさないといけないので、「いそがしい」が口ぐせになる。

それでも子どもが幼稚園《ようちえん》、保育園《ほいくえん》の時代は、送りむかえがあるし、手もかかるので、親はいそがしいとはいえ、子どものことについて考える機会は多かった。が、小学校に入ると、「これで、やっと手が離《はな》れた」と、今まで子どものために費《つい》やした時間を、グンと減らす。

放課後も長期休暇《きゅうか》のときも、自分がいないかわりに、家の中でおとなしく、しかも長時間遊べるおもちゃをあたえておく。それが、

テレビゲームであり、携帯型《けいたい》ゲームである。たしかに、手っ取り早い子守り道具である。それらを否定《ひてい》はしない。が、それしか遊びを知らない子や人とふれあうことの少ない子、思いっきり笑えない子が、確実《かくじつ》にふえていることに、不安を感じる。

　自然がいっぱいある所で生活している子でさえ、今や、くすんだ目をした「ゲーム人」だという。そこに、おとなのちょっとしたかかわりがあるだけで、子どもはイキイキと動きはじめる。昔、私が小さいころ、まわりのおとなたちがしてくれたように。

　時間に追われる毎日の中でも、子どもの目を見て声をかけたり、髪《かみ》をといてあげたりぐらいはできる。ギュッと抱《だ》きしめるだけでもいい。それだけでも、子どもは、限《かぎ》りない愛情に包まれた安心感をいだき、笑顔がこぼれる。この笑顔のために、親は少しくらいの無理はできると思う。

休みの日にもやらないといけないことがいっぱいある私たち
休みの日でもパワフルな娘たち
こちょこちょ
きゃ〜
きゃ〜
ぁーん
「あとでね」って言いたいけれど
いま〜〜!?
だっこ
ひ〜
だっこ
娘たちはむりやり親子の時間をつくってしまう
こちょこちょ
ぽんぽん
ガブッ
くっちゃーくっちゃー
「それなら」と、私たちからも遊びをしかけるとのってくるのってくる
伝言ゲーム
ごにょごにょごにょ
ひひひ..
いけー!
はーい
あーの!!
え〜
ちょっとの無理で笑顔いっぱい

わが家にやってきたパソコンに興味《きょうみ》シンシン

なんと、いきなりパソコンを買ってしまった。「ほしい、ほしい」と思い続けて三年。あまりの安さに、「私が買わないでだれが買う」とわけのわからない理由で、飛びついた。といっても、バーンとキャッシュでは払《はら》えない価格《かかく》だけど。

育児をしていると、なかなか家計簿《かけいぼ》ってつ

夫は、私がパソコンを買ったとき、
仕事で使うということで
最新のモバイルを買った
やった〜
ぜーんぜん わからへん
が、夫は機械類に
めっぽう弱い

けられない。で、どんどんたまっていくレシートを見て、ため息。もともと事務能力《じむのうりょく》のない私は、日々の収支《しゅうし》を書いても、合計等の計算はせず、ほったらかし。なんのための家計簿《かけいぼ》なのかわからない。

パソコンで一番したかったのが、この家計《かけい》簿《ぼ》管理。それと、インターネット。雑誌《ざっし》や新聞などの興味《きょうみ》のある情報《じょうほう》を、もっとより深く知りたいとき、インターネットができたらなぁ、と思うことがふえてきたのだ。とくに、子ども関係の情報《じょうほう》はほしい。やっと手に入れたパソコンが、私の思うように、あれこれ働いてくれることを想像《そうぞう》しながら、ずっとニタニタしていた。

パパーッとセッティングして、すぐ使える

ようにしたいのに、思うようにいかないのが、子持ちのつらいとこ。
「なぁなぁ、これワープロか?」と、パソコンの入っている箱に乗ったり、中身を確認《かくにん》しているときに、同じように確認《かくにん》する三女。「テレビ、テレビ」とはしゃぎながら、重い機器を運んでいる前をチョロチョロする四女。この二人《ふたり》との共同作業（?）という最悪の事態《じたい》に、耐《た》える私と夫。十分ですむことが、三十分ぐらいかかるのである。あまりの時間のかかりようと、二人《ふたり》がしでかしてくれるとんでもないことに、笑けてきて、余計《よけい》に作業が進まなかった。

三女、四女をひざにのせて、マニュアル片手《かたて》に、キーボードを打つことに慣《な》れてはいる。これも、子どもが小さいころにしか味わえないことだと思えば、心穏《おだ》やかになる。「Eメール、待ってます」と、いろんな人からいわれるけど、そこまでいくにはまだまだほど遠そう。娘《むすめ》たちは、私が見ていないすきに、パソコンをさわりまくっている。使っていないうちから、使いこなしているような汚《よご》れ具合になる日は近そう。

わがやにパソコンがやってきた
わあーい
ありっ
ズボッ
1
さっそく娘たちとの共同作業がはじまった
ばぁー
とーちゃんみてみて
2
あーちゃんがひとつ
これとこれと
なかなか進まない
えーと‥これが…
はじめにかならず読んで下さい
3
きゃー
うふふ
がぶっ
しまいに笑けてくる
4
よっしょよっしょ
♪ゆーきやこんこん♪
やっとこさできあがり
だっこー
5
ごはんできたよ、
オッケー
にひひひ
でーきた
いぇーい
カンカン
喜びの踊りがはじまる
やったー
みんなでやるとタイヘンだけどおもしろい
6

かわいいくっつき虫が、いつのまに……

「みなさん聞いてください。五人目ができました！」と、親せきの新年会で満面の笑みで報告する夫。その横で、「また、医師《いし》もびっくりするほどの静脈瘤《りゅう》たちとの闘《たたか》いが始まるのね」と顔をひきつらせる私がいた。

　これは、今年の私の初夢《はつゆめ》。目が覚め、「夢《ゆめ》でよかった」と心底ホッとした。『ゲゲゲの鬼太《きた》

卵と牛乳
ホットケーキのもとを入れて
まぜまぜ
にんじんをおろして入れようね

郎《ろう》』の目玉おやじをゼリーづめにして売ったり、長女のコピーロボットが街を支配したり、私はよくとんでもない夢《ゆめ》を見る。久々《ひさびさ》に見たまともな夢《ゆめ》だったけど、これが初夢《はつゆめ》とは、あぁおそろしい。

きのうで二歳《さい》の誕生日《たんじようび》をむかえた四女は、少しずつ赤ちゃんの顔が消えてきた。すること、いうことも、一人前《いちにんまえ》のつもり。「あーちゃん、ズボンはきや」というと、「あっかんべーだ」と舌《した》を出している。「あっ、こんなとこに、ジージーかきしたのは、だれ?」と聞くと、「ばーた(か)」と下あごを突《つ》き出す。おねえちゃんの受け売りだが、一応《いちおう》会話になっているのには、まいる。

少し前まで「あなたなしでは生きていけな

い」と私のくっつき虫だった四女。そう、手がかかってたいへんだけど、手放《てばな》しにかわいい時期はほんの一瞬《いっしゅん》である。今では、この一《いっ》瞬《しゅん》を通りすぎつつあり、「手を離《はな》せ」状態《じょうたい》。この時期の子どもの成長はとにかくすごい。長女にも二女にも三女にも、「このまま大きくならんといて」と溺愛《できあい》していた。なのに、いつのまにやら首のあたりがすっきりし、幼児《ようじ》になる。そして、少女へ。

親にとって、子どもが大きくなるのはうれしいことだが、くっつき虫がいなくなるのは、じつにさみしい。で、私が娘《むすめ》のくっつき虫になっている。「もう、ひっついてこんといてよ」という娘《むすめ》は、そういいながらも、まんざらではなさそうなので、私は調子にのっている。

「あーちゃんも、また、私を置いて大きくなるのね」といえば、「また、次にかけたら」と長女。ひぃぇえー。初夢《はつゆめ》が、正夢《まさゆめ》になるのは、ちょっと……。

二年前の一月
四女はおねえちゃんたちの洗礼を受け、わがやの一員となった
かわいい♥
ちーちゃい
いーだ
かわいいかわいいと大事に大事に育てられ
かーいいね
すりすり
ちゅっ
一つ成長をするたびにこの騒ぎ
と・と・とーたんだって
ぎゃー かわいい
すごーい
しゃべったー
とーたん
ところがそれは突然にやってきた
あっかんべーだ
いっ?!
そんな…
なんで…
うっうっ きてしまったのね
一言一言におびえる私たちを、おもしろがる四女となった
ばーた
ひぃ
こうして赤ちゃん時代は、あっというまに過ぎていってしまうのである
思いどおりにならないと何時間でも泣き続ける
ぎゃ〜
ぎえ〜
まんま
お手あげだ
かんべんしてよ
うるさ〜

思いっきり自分を表現《ひょうげん》したら……

「エイブル・アート」という聞き慣《な》れないことばに出会った。知人が出版《しゅっぱん》した『ころぼっくるの手』を手にした瞬間《しゅんかん》、「この目で実物を見てみたーい」という思いが、ムクムク。

エイブル・アートっていうのは、自己《じこ》の癒《いや》しから他者の癒《いや》しへと社会的に広がる可能性《かのうせい》を持つ障害者芸術《しょうがいしゃげいじゅつ》、ということらしい。とに

ねんど遊びは家でもよくする
こねこね…
もう できたん?
でーちた!!

かくその本に出てくる人たちの表情《ひょうじょう》が、すっごくいいのである。で、この人たちの作品を展示《てんじ》しているアート展《てん》を見るため、今月中《ちゅう》旬《じゅん》、神戸まで行ってきた。

私の予想をはるかに超《こ》えていた。展示《てんじ》してある作品を、見れば見るほど鳥肌《とりはだ》が立ち、息苦しかった。生きた色、生きた線が、バンバン襲《おそ》いかかってきたのだ。二週間たった今でさえ、強烈《きょうれつ》に脳裏《のうり》に焼きついている。私が、長い間求めていたものが、そこにあった。

今まで、きれいにバシッと対象をとらえた線や計算しつくされた色を見ても、感動しなかった。けど、今回ばかりは素直《すなお》に感動した。いろんな見方があるようだけど、私は、こういう表現《ひょうげん》が好きだ。なんてったって、だれも

いい。これが、羽ばたいている。これが、いい。


が持っている自由な翼《つばさ》が、羽ばたいている。これが、いい。

ある意味で、長女と二女が、安室奈美恵やSPEEDの全身で歌いおどる姿《すがた》を見て、あこがれるのに似《に》ている。彼女《かのじょ》たちの生きるエネルギーが、全身からあふれ出ていて、子どももおとなもグッとひきつけられる。「沖縄《おきなわ》アクターズに入りたい」という長女と二女。そういう気持ちになるのも、あのアート展《てん》を見てからわかるような気がした。

人それぞれ、表現《ひょうげん》したいものもちがえば、表現《ひょうげん》する方法もちがう。私は、エイブル・アートに刺激《しげき》を受けて、今、めちゃくちゃ絵の具にまみれたいと思っている。それに、これから先も、そのときそのときに自分の中で渦巻《うずま》いているものを、ガガガー、ドワドワーッと、思いっきり表現《ひょうげん》することの気持ちよさを味わっていきたい。娘《むすめ》たちにも、気持ちよく生きることの意味を感じてほしい。そして、多くの人にこの思いを伝えていきたいな。

三女、四女の時期は
誰もが思うが
ままに
表現すること
を楽しんで
いた
おにだぞー
じーじー
長女・二女の
年にも
なると…
かみの毛を切った長女
どうやって描こうか
だんだん
自由な
翼が
はばたか
なくなる
あかん…
キョロキョロ
私の年にゃ
それはもう
考えすぎちゃって
表現することが
しんどくなる
あーもういや!!
袋から出してもらえない粘土
自分も含め
長女と二女の
ガチガチに
しばられつつある
心をときはなつ
方法がないか
と、ずっと考えていた
なんだこりゃ
エイブル・アートを
見て、それを
見つけた気がする

子育ての楽しさ、夫婦《ふうふ》で半分こ

「男が、料理してるー」と、自宅《じたく》で開いている教室に来ている小学校三年生の男の子が、台所に立っていた夫を見て、不思議そうにいった。いわれた夫は、少し照れたように笑った。「男が、料理してたらおかしいかなぁ」

前に「やれる人がやれるときにやれるだけやれば」という見出しで書いた文章は、けっ

こう女の人には共感をもってもらえたようだ。「また、こんなん書くから、女がつけあがるんや。女が家事するんはあたり前やん」という、わが妹のような人もいるだろうが。今の日本の社会では、男の人が家事・育児をするっていうのは、まだまだ少数派《は》である。女《じょ》性《せい》の社会進出が進んできたいま、夫婦《ふうふ》で家事・育児をする必要性《ひつようせい》は、あちこちで唱えられている。少年の凶悪《きょうあく》な事件が起こるたびに、その家族のうすっぺらいつながりが、クローズアップされている。子育ては、母親の責任《せきにん》だとにげる父親もいたり。

いそがしい父親の立場もわかる。でもでも、子育ては、母親が全責任を負わなければならないのだろうか。マンションなどで孤独《こどく》な育

児をしながら、悩《なや》みをだれにも相談できないで一人《ひと》追《り》いつめられ、わが子を殺してしまうという記事を読みながら、泣けてくる。

夫は、けっしてひまな人ではない。夜おそくまで取材があったり、土日出勤《しゅっきん》もある。過労《かろう》死するんじゃないかと思うぐらい、フラフラなときもある。けど、子育ては、仕事と同じように夫の一部であるようだ。「今日、みーちゃんが、学校から帰ってくるんおそかってなぁ」という私のなにげないことばにも耳を傾《かたむ》ける。子どもたちとかかわれるときは、思う存分《ぞんぶん》かかわっている。いそがしくっても、時間は、作ろうと思えば作れるもの。仕事だって、そうなのだから。

両親が子どもの成長を喜びあえる関係かどうか、子どもはじっと見ている。「こんな楽しいこと、母親のひとり占《じ》めになんてさせへん」という父親が、ぜひふえてほしいものである。

「いい村は、女が元気だと聞いています」といっていた『もののけ姫《ひめ》』のアシタカ。そうそう。仕事でも育児でも、女が元気になれる社会に、どんどんなっていってほしい。

三女、四女が通う保育園ではお父さんの送りむかえがけっこう多い
わがやでは朝送っていくのは、夫
いってらっしゃ〜い
ばいばい
子どもたちはにこにこで手をふる
しかし…私がむかえに行くといやがる四女 自転車は"寒い"からである
そんなこといったって私しゃ自転車しかのれないの!!
さぶ〜
りんりんいや!!
それに夫が授業参観に行ったり
うふっ
休日の食事をつくったりなんかすると大喜びする娘たち
とーちゃんがつくるとごうかやなー
おいしそー
やったー
まんまぁ
うおっほっほっほっ
なんだりなんだい私じゃいやなんかい えっ!!
だから最近「そんならいっそぜーんぶとーちゃんにやってもらえば」と、スネてる

健全なお子様時代まっただ中

♪おとうと思いの長男、にいさん思いの三男、自分がいちばん二男、だんご3兄弟♪

NHKの子ども番組で流れたこの歌に、思わず大笑い。なかなか的を射《い》た詞《し》に、「そのとおりやな」と夫。そのことばに、私の横で二女は苦笑いをしていた。

きょうだいのまん中は、何かとややこしい

二女が飼いはじめたハムスターの耳が赤いので初めて動物病院へ行ってきた
夫と二女
ちゃんとみてもらったョ
ぼくらがしてもらう診察と同じやねんで〜 こんなネズミ一匹にも
笑うで

性格《せいかく》だといわれる。一番上は夫婦《ふうふ》にとって初めて経験することばかりなので、何やかやと世話をやきたくなる存在《そんざい》で、一番下は、手放《てばな》しにかわいい存在《そんざい》。そして、上と下にはさまれたまん中は、うすい存在《そんざい》。「親は、できるだけ意識《いしき》的に、まん中の子とかかわってあげてほしい」ということは、よく聞く。三女、四女はまだまだ手がかかるので、わが家のまん中といえば、二女を示《しめ》す。

この二女のパワーたるや半端《はんぱ》ではない。幼《よう》児《じ》のころは、ドドドドドーッと走ってはバンバン柱や壁《かべ》にぶつかって大泣きしていた。小学生になってもそれは変わらず、一年生のときには、六年生の子とぶつかってぶっ飛び、脳《のう》しんとうを起こした。二年生のときには、

壁《かべ》にぶつかり頭から血を流して大騒《さわ》ぎになった。口のほうも達者で、しゃべりだすと止まらない。流行にも敏感《びんかん》なおませな三年生である。教科書を全部学校に置いて、からっぽのランドセルで登校していたりもした。面倒《めんどう》くさがりなところがめだって、よく夫にもおこられている。

とにかくすることが、ハデなのだ。上と下の存在に消されないように「私は、ここにいるぞー！」と思いっきり自分をアピールしてくる。人のことは気にせず、何でも思ったことをストレートにいったりしたりする子どもらしい子どもであるがゆえ、生意気《なまいき》なガキだとか、やりにくい子だと誤解《ごかい》もされる。本人は、そんなのまったく気にしていない。あまりのお気楽人間なので、「だれに似《に》たんやろ？」といいながら、私は夫をジロジロ。夫は私をジロジロ。

「ただいまー、いってきまーす」と、毎日いそがしく遊びまくる健全なお子様時代を生きている二女は今月、九歳《さい》になった。

二女の写真は
こんな感じのもの
が多い
ほほほ〜い
二女は
下の二人と
同じ
レベルで
遊べる
わくわく
わくわく
わくわく
わくわく
わくわく
わくわく
わくわく
何にでも
キョーミを
示すが…
みーちゃん　かたづけ
片づけは
超苦手
なんべんで
よくおこられる
ドドドドー
そんな彼女
が、9さい
になった。
ますます
ますます
ますます
パワフルだい

小さな小さな命が残してくれたもの

それは、突然《とつぜん》にやってきた。

いつもと同じように長女が、ハムスターの小屋のそうじをしようとしたとき、あせった叫《さけ》び声をあげた。「チュチュが動かへん！」。みんなの手が止まった。あわてて小屋をのぞきに行くと、ハムスターは目を開けたまま冷たくなっていた。まわりには、えさの食べか

すが散らばり、今にも食べだしそうな姿《すがた》。ひょっとしたら、生きているんじゃないかと、私が名前を呼《よ》んだら、娘《むすめ》たちも口々に大声で「チュチュ、チュチュ」と呼《よ》んだ。でも、動かなかった。

ハムスターが、わが家にやって来たのは半年ほど前。ひょんなことからわが家の一員となった。ハムスターを飼《か》えなくなった長女の友だちが、学校の終わりの会で「だれか飼《か》ってもらえませんか」といったのだ。前々から生き物を飼《か》いたがっていた長女は、私と夫を何度も説得し、このハムスターをわが家初のペットとしてむかえ入れた。

ハムスターの寿命《じゅみょう》は二〜三年といわれているが、このハムスターは来たときすでに二

歳《さい》ぐらい。かなりの高齢《こうれい》であった。けど、ハムスターの愛らしい姿《すがた》に、娘《むすめ》たちはとりこになっていった。「チュチュ」の名づけ親は、そのころちょうどしゃべりはじめた四女。動物好きの二女がみんなにさわり方を教え、三女はハムスターのしぐさをあきもせずじっと見ていた。そして、暑い日も寒い日も、必死で世話をしていたのは長女だった。

「死んでる」と娘《むすめ》たちに伝えると、長女と二女の目から涙《なみだ》がポロポロこぼれた。娘《むすめ》たちが初めて身近に感じた「死」だった。ハムスターを箱に入れ、食べていたえさを横に置いてやったとたん、長女と二女は大声で泣き出した。涙《なみだ》はなかなか止まらなかった。そんな彼女《かのじょ》たちを見ながら、ハムスターがすごく大切なものを残していってくれたことを知り、悲しいけどうれしかった。私たちは、ハムスターの体温のぬくもりを、ずっと忘れないだろう。

私はハムスターが飼いたい
長女の"ハムスター飼いたい病"が日増しに強くなってきていたある日
ぷんぷん
ぷふふ〜ん♪
あーいそがしいそがし
てなわけないけど突然ハムスターがやってきて大さわぎの娘たち
おう
わぁー
ポンッ
三女と四女は動くおもちゃのごとくかわいがり
ちゅちゅ
こちょこちょ
冬はもっと草をしいてやった方がいいって
はいはい
ハムスターの飼い方
どうぶつ出版
長女と二女はうまく役割分担をしながら世話をした
夜行性のハムスターは
ガタガタゴトゴトカリカリ
私たちと夜ふかしなかまだった
今日も元気だね
最後までなじめなかった夫
今はもういないけど娘たちの心の中でちゃーんと生きている

伝統《でんとう》行事はこころのスパイス

白い顔にやさしい笑《え》み。ひな祭りが近づくと、押《お》し入れのひな人形たちと一年ぶりの対面をする。「ひさしぶりやなぁ」「きれいやなぁ」と娘《むすめ》たちが、押《お》しあいながらのぞきこむ。わが家のひな人形たちは、押《お》し入れのほとんどを占領《せんりよう》してしまうガラスケースに入っていて、それをデーンと置くだけで設置

長女が年長組のとき
まーちゃん
今日おなか痛いし
保育園休む!
えらいこっちゃーっ

完了《かんりょう》。いともカンタン。

ひな人形は、代々受《う》け継《つ》がれるものであるようだが、わが家のものは、長女が闘病《とうびょう》していたときに、私の両親が「絶対に治るように」と願って買ってくれたものだ。

この人形たちを出すと、殺風景な部屋《へや》が、一気に華《はな》やかになる。と同時に、伝統的《でんとうてき》なひな祭りをして楽しみたくなる。日々ドタバタの中で、時として雅《みや》びやかな時の流れも味わいたいもの。なんてったって、住んでいる所が京都で、四人姉妹。十年以上も前に見た映《えい》画《が》『細雪《ささめゆき》』の艶《あで》やかな着物姿の四人姉妹を思い描《えが》いてしまう。

季節の節目節目にちょうどある伝統《でんとう》行事は、なにげない日常《にちじょう》に、ちょっとしたスパイ

ス的役目を果たしてくれる。それらを楽しむことで、少しばかり心がゆたかになるような気がする。だから、むずかしいことはわからないけど、自分なりの方法で知っていることは少しでも、子どもたちに伝えていきたい。この年になって、今まで知らなかったそれぞれの由来を知るっていうのも、新鮮《しんせん》でおもしろいし。

寒さで長い間肩《かた》に力が入っていた体が、フッと軽くなったような不思議な気持ちになる今日は、「楽しいひな祭り」。

さぁ、娘《むすめ》たちが元気に育つことを祈《いの》って、準備《じゅんび》しようかな。ちらし寿司《ずし》とハマグリはちと高いので、アサリのお吸《す》い物をたーんと作ったら、「今日は、バンバン食べるで」「おかわりー」と、叫《さけ》ぶだろう娘たち。

「雅《みや》びやか」なんてことばは、ほど遠そうである。まだまだ「花より団子《だんご》」といったところ。そうそう桜《さくら》もちと白酒も用意しとかなきゃ。

日本の伝統行事はいろいろある
ひなまつりもその一つ
ひな人形と一年ぶりのご対面に
じょうずー
ひゃひゃひゃ
娘たちは大はしゃぎ
たんぽっぽちーらいた
たのしいひなまつりのオルゴールイ付
私は昔からひな人形のまわりに漂う空気がこわい
てんてんどんどん
ほっぺたおっこちた
でもみんなで楽しむひなまつりは
だ〜いすきダ
おとなになった今でもわくわくしてしまう
のむぞ〜
かんぱーい

手作りおやつは、いいコトいっぱい！

「なぁ、ポテトチップス食べていい？」と長女が聞きにくる。「私も」と、二女。二人《ふたり》で、テレビを見ながら、バリバリ食べている。

「三時のおやつ」と、だれがいったのか知らないが、そのとおり三時ごろになると、おなかがすく。学校から帰ってくるのが、だいたいそれぐらいの時間なので、ランドセルを

ポテトスティック
①さつまいもの皮をむいて蒸す
さつまいも（皮をむいて）300g
②蒸したさつまいもをつぶし、さとうと片くりこを入れよくまぜる（耳たぶぐらいのかたさになるよ）
さとう50g
片くりこ70g

置くとすぐ、おやつだ。娘《むすめ》たちが食べるのは、スナック菓子《がし》がほとんど。濃《こ》いめの塩分を、毎日摂取《せっしゅ》しているわけである。私も、スナック菓子《がし》はいけないと思いつつも、手っ取り早いので、ついつい買い置きしてしまう。

下の二人《ふたり》は、保育園《ほいくえん》でおやつを食べている。

「えっ、これ保育園《ほいくえん》の給食の献立《こんだて》？　すごい、豪華《ごうか》やなぁ。おやつも手作り？　ええなぁ」と、わが家で献立《こんだて》表を見た人は、口をそろえていう。私も、初めて見たときそう思った。味にも素材《そざい》にもこだわって、手間ひまかけて作られた給食とおやつは、どこか懐《なつ》かしく、素朴《そぼく》でありながらおいしいのである。

「ええなぁ、ふーちゃんとあーちゃん。私らも、また保育園《ほいくえん》の給食食べたいなぁ」と、

長女と二女は、自分たちの献立《こんだて》と見比《くら》べて、ため息をつく毎日。給食のパンをあまり食べずに持って帰ってくる彼女《かのじょ》たちにとって、おやつはなによりの楽しみであるようだ。ゆえに、手作りのおやつでむかえてやるのが、いちばんいいのだが、ちょっとの手間も惜《お》しんじゃう現実。けっこうまめに手作りをされている人に、「チョコレート、作ったらおいしいよ」といわれたりすると、「私もちょっとがんばっちゃおうかな」と、そのときは思うんだけど。

最近、娘《むすめ》が入っている合唱団で、おかあさんにいいたいことを書こうといわれて、「ビールを飲んだら、おこりっぽくなる」と書いた長女。「これじゃあ、酒乱《しゅらん》じゃないか」と、少しむかついたけど、子どもには、そういうふうに映《うつ》っているんだなぁ。こりゃ、母親に対する認識《にんしき》を変えにゃいかん。と、思ったときに思い出したのが、手作りおやつ。安くておいしくて安全。そして、親子のきずなを強める。その効能《こうのう》に期待しちゃおっかなぁ。

ラッキー 今日来てよかった
食事には いろいろ 気をつけて いるけど
ポテトチップス
98円
安かったしいっぱい買ってきたよー
おやつは めちゃくちゃ いいかげん
やったぁ
気になってはいるんだけど 便利なので なかなか やめられない
うんうん
おいし〜
今日のおやつ おこのみやきやってんなー
おかーり いっぱいちた
下の二人が おやつの 報告を するたび スネてしまう上の二人 それを見て 心チクチク
いいよな
わたしたち ポテチだけ…
ちょうど この前 保育園の御作展 で給食の先生が つくって見せてくれ はった朝食の一品 かんたんにできるんですよ
おいしそうね
へ〜けっこうかんたんだ
ご飯の お焼き
これが実にカンタン でしかも栄養たっぷり
まずは あか〜いりんごを使って…
ニヒッ
こりゃ私もがんばっちゃおっと思い…
上の二人に手づくり おやつを。きっとこれで 私を見る目が かわるかもしれないのだ

家族の協力態勢《たいせい》に、カゼも即《そく》、退散《たいさん》！

久《ひさ》しぶりに、カゼをひいて寝《ね》こんでしまった。「ふーちゃんとあーちゃんを保育園《ほいくえん》に送ったら、病院へ連れて行ったるから、用意しときや」と、夫の声で、目が覚めた。熱が、三十九度以上あった。これだけ上がると、やかんを頭に乗せたらお湯が沸《わ》きそうである。

こんなとき、わが家は、みな私のかわりに

よく熱を出すのは二女
そんな彼女をうらやましそうに見つめる二人
それ くすり?!

あれこれ動いてくれる。だいたいのことは、夫一人《ひとり》で何でもやってくれるし、娘《むすめ》たちは、夫のいうことを、日ごろよりよく聞いて、てきぱき動いている。それに、「だいじょうぶか」と、入れかわり立ちかわり、だれかが私を見に来てくれる。氷枕《こおりまくら》を作るのも、お手のものだ。夕食づくりは、近くに住む夫の母がやってくれるので、すごく助かる。

何かあったときは、みんな一致団結《いっちだんけつ》して、協力態勢《たいせい》を整えてくれるので、安心して寝《ね》ていられる。が、四女の動きは、だれも予想していなかった。トコトコトコとやってきては、寝《ね》ている私にまたがって、「あそぼ。ねぇ、あそぼ」と、じつに楽しそうなのである。「ウー、ウー」と苦しみながらも、四女の天真爛漫《てんしんらんまん》な

笑顔を見ていると、少し楽になった気がした。

彼女《かのじょ》も、ちゃんと自分の役割《やくわり》を果たしていたわけである。

病気をすると、人恋《こい》しくなる。一人《ひとり》でいると、どことなく心細くて、さびしいもの。娘《むすめ》たちの声を聞くと、ほっとする。それに「私は、こんなに愛されているのね」って、思うぐらいやさしくしてもらって。家族がいてよかったぁ。なーんて、元気でいると気づかずにいることに、気づいたりして、たまに、病気するのもいいもんだ。と、思っていたら、一日で熱も下がり、動けるようになった。みんなの看病《かんびょう》のおかげである。

元気になると、やっぱり、こっちのほうがいい。自力で何でもできるって、すばらしい。寝《ね》ていたおふとんも、山のようなせんたくものも、ぱぁーっと干《ほ》そうかな。春の日ざしを浴《あ》びながら。

いつも元気な私が 高熱で ダウンしてしまった
夫と娘たちは、私が安心して寝ていられるように
ふーちゃん たまごわるし
せんたくものをたたんで、と
おかたづけー おかたづけー
あれこれせっせとやってくれた
おかゆできたよ
ふーちゃんがたまごわった
ありがたく甘えさせてもらい
まんまや
ありがと
あそぼ
すごく早くなおった
そう、みんなの笑顔が何よりの薬なのです
いってらっしゃい
ありがとね
いってきます むりしたらあかんで
じゃあねー

休みは、のんびり、ゆったり、ゴ~ロゴロ

春眠《しゅんみん》暁《あかつき》を覚えず。私の場合、オールシーズン暁《あかつき》を覚えずだが、春は、とくに寝《ね》ごこちよく、朝はなかなか起きられない。グータラ母は、ますますグータラになる、いい季節だ。どこでもいつでも、ついついウトウトしてしまう。

冬の間、家の中で遊ぶことが多かった娘《むすめ》た

ただい…ま
仕事で夜遅く帰宅した夫が見たものは…
誰や!!
こんなにティッシュちらかして

ちは、ひまさえあれば外へ飛び出して行くようになった。ホコリをかぶったローラーブレードも、ボールもひっぱりだこ。取りあいをして、家の前で大げんかをしていたりもする。

休みになると、「どこか、行こうよ」と長女がいう。「みんな、あっちこっち連れて行ってもらったはるで」と二女。「ぞうさん見に行きたい」と三女。四女は、とにかく外へ行きたくて、靴《くつ》をはいて玄関《げんかん》の戸にへばりついている。日曜日といえども、私と夫のどちらかが仕事の場合が多いので、娘《むすめ》たちにせがまれると、つらいものがある。土曜日の天気予報《よほう》で、「明日は、大雨」と聞き、二人《ふたり》で、「いやー、まいったな。どっこも行けへんなぁ」といいながら、ニンマリしてしまうこともある。

けど、スカーッと天気のいい日曜日だけは、別。仕事をあとまわしにして、「賀茂川行《かもがわ》くで」とカルガモ一家の大移動《だいいどう》のごとく、自転車を走らせる。私も夫も、人ごみはきらいなのと、お金を使わず遊べる近場が好きで、たいてい行き先は賀茂川《かもがわ》。娘《むすめ》たちも、賀茂川《かもがわ》なら、満足してくれる。魚釣《うおつ》りはできるし、思う存分《ぞんぶん》走りまわることもできる。夫は、娘《むすめ》たち相手に、サッカーをしたり、ドッジボールをしたり、日ごろの運動不足を解消《かいしょう》している。私はというと、シートの上に寝《ね》ころんで、ゆっくり流れる雲を見ながら昼寝《ひるね》、と決めこんでいる。

今日は、終業式。明日から、小学校は春休みだ。二週間の休みの間、何をしようかニタニタしている長女と二女。去年よりひとまわり大きくなった娘《むすめ》たちと、何をして楽しもうかと、私はワクワクしている。いっしょに昼寝《ひるね》もしようかな。

空を見上げて
雲を見たり
あっ ぞうさん
わが家は、早くも
みな半そでです
みんなで
お弁当を
食べたり
おいちーね
オニごっこを、思いっきりしたり
きゃー
まてまてー
いやー
まてまてー
ひるねも
したり
春になると
いろんなことが
したくなる

和だいこの響《ひび》きに、ジンジンジ～ン

ドンドコドン、ドドンコドン……。和だいこの音が、全身をゆさぶる。寝《ね》ている細胞《さいぼう》も、目覚めおどりだす。四年前に、「鼓童《こどう》」という和だいこ集団のコンサートに行って以来、和だいこの音が、体の中で血液《けつえき》とともに流れているような気がする。

先日、大学の先輩《せんぱい》が、大阪で指導員《しどういん》をして

いる学童保育所《ほいくしょ》の和だいこコンサートに、家族みんなで行った。小学校四年生から六年生までの子どもたちが、さまざまなたいこを打つ姿《すがた》は、すごい迫力《はくりょく》だった。リズムにあわせて、しなやかに動く体。真剣《しんけん》なまなざし。一つになる全員の息。立ち見まで出た会場を、時にやさしく、時に力強く包みこんだ。小学生とは思えない堂々とした演奏《えんそう》に、くぎづけになったのは、私たちおとなだけではなかった。

「すごかったなぁ」といった二女は、私の横の席で、ずっと食い入るように見ていた。

「たいこって、一本の大きなバチで打つのもあるんやなぁ。たいこ、やってみたいわ」と、たいこを打つマネを、何度もする長女。理屈《りくつ》

ぬきに血が騒《さわ》ぐのか、三女は初めから終わりまで、壁側《かべがわ》の通路で、ひたすら走っては側転をくり返していた。前半、大きなたいこの音をBGMにスヤスヤ寝《ね》ていた四女。休憩《きゅうけい》時間で目が覚め、ギャアギャア泣いて止まらなかったのに、後半の演奏《えんそう》が始まると、ピタッと泣きやんだ。そのあとは、じっと舞台《ぶたい》を見つめていたのには、驚《おどろ》いた。

和だいこのあの響《ひび》きは、母親のおなかの中で聞いた心臓《しんぞう》の鼓動《こどう》に似《に》ている、とよくいわれているが、そういわれると、どことなく懐《なつ》かしさを感じる。

ピコピコ、ジャンジャカと落ち着かない音があふれている現代《げんだい》の生活の中で、ある種、癒《いや》しの音楽に値《あたい》するのかもしれない、和だいこ。

「家族で、たいこチーム作りたいなぁ。六人やし、できるで」といいだした夫。私は、「かなんなぁ。またそんなことを、カンタンにゆうてからに」といいながら、「これって、実現《じつげん》したらすごいやん」と、妙《みょう》にドキドキしていた。単純《たんじゅん》な夫婦《ふうふ》だ。

久しぶりに遠出をした
と言っても大阪
初めに講演会に参加
←壇上に座って講演する講師
きゃ〜
会場内をドタバタ走りまわる下の二人を
つかまえては退場のくりかえし
こりゃこりゃ
いや〜
ぶ〜ん
それが太鼓のコンサートがはじまると
じっとみつめる娘たち
と言っても長女・二女・四女
三女は太鼓の音でますます調子にのり側転をくりかえしていた
あのね…

物、もの、モノにおぼれそう

四月になると、いつも何かをしたくなる。それには、心も体も軽やかに、スキッとした気持ちで始めたいもの。

まずは、かたづけ。最初はゴチャゴチャしている台所だけのつもりが、やりはじめると止まらない。あっちこっちが気になってくる。

箱好きの私は、「これ、何かに使えるかも」

ポケットに木の実や葉っぱが
いつもいっぱい入っている長女
木の実のなっている木や草を
見ると目の色がかわる
それらを集めるのが
好きなんだナー
と思っていた

と、ありとあらゆる箱を捨《す》てずにとっておく。で、それぞれにちゃんと役割《やくわり》をあたえる。新聞入れや雑誌《ざっし》入れ、薬入れに郵便物《ゆうびんぶつ》入れ、小物入れなどなど。そういう箱が、いたる所にある。箱をうまく利用することで、かたづいた気になっていたが、箱がふえたぶん、モノがふえていることに、気がついた。見てみると、ほとんどが使うことがなくなったモノばかり。期限《きげん》の切れた割引券《わりびきけん》とか、インクの出ないボールペンとか、無効《むこう》になったスタンプカードとか。必要最小限《さいしょうげん》の箱だけにすると、あら、不思議。スッキリとかたづいた。

これで終わろう、と思っていたが、勢《いきお》いづいているので、ふだん見てみぬふりをしてきたモノが、目につきはじめた。「よし！」と気

合いを入れて、かたづけにかかった。

　右も左も、物・もの・モノ。とくに、おもちゃは、もったいないかぎり。おじいちゃんやおばあちゃんに、そのとき流行《はや》っているモノを買ってもらっては、すぐあきてほったらかしになるのだ。「それなら、喜んでもらえる子どもたちに」と、保育園《ほいくえん》のバザー用にまとめておいた。にもかかわらず、娘《むすめ》たちはなくなったことさえ気づかないでいる。

　「これな、魔女《まじょ》の家やで」と、画用紙でしかけ絵本を作る二女。「おすもうさん、作ったで」と、折り紙で紙ずもうを作る三女。「今日は、三枚《まい》やったわ」と、新聞にはさんである裏《うら》が白紙のチラシをさがしては、絵をかいている長女。子どもは、何もなくても遊びを考える名人。腹《はら》八分目と同じくモノ八分目で、ちょうどいい。

　きれいにかたづいた部屋《へや》で、「さぁ、何をしよっかなぁ」と、考えている私。モノではなく、やりたいことがいっぱいあるっていうのは、幸せな気分だ。

最近、四女は
三女と同じモノが
欲しくて
しかたがない
これ ふーちゃんの
あーちゃんも
あーちゃんも
そのため急速にモノがふえた
よして―
あかちゃん みるくですよー
みるく… みるくほちー
だから、
いつも
おもちゃ箱を
ひっくりかえした
状態
いてーー
オウー
バザー用
バザー用
思いきって
片付けると
これで毎日痛いめにあわずにすむのだ
スッキリ
ほら、このとおり
でも、バザーに
出しても
バザーはいいわー
これぜんぶで10えん
やすくってうれしいわ
これほしかったの
出した分もどってくる…
シンプル
ライフを
めざすのは
けっこう
タイヘンだ
なんで くまばっかり…
バザー用
家の
おもちゃ

お気楽子育てのス・ス・メ

新学期が始まり、あちこちでランドセルが歩いているのを見かける。そう、ピカピカの一年生のこと。長女も二女もあのころは、あんなに初々《ういうい》しかったんだなぁ、となんだかずいぶん前のことのように思い出す。彼女《かのじょ》たちは、今や五年生と四年生。いうこともすることも、一人前《いちにんまえ》のつもりだ。

大きくなったら 何になる?
お医者さんかかんごふさん
保育園の先生

「うちの子、遊んでばかりで、学校の宿題をする時間がないのよ」「忘《わす》れ物が多くて」「どうやっておこったらいいかわからへん」という母親の声をよく聞く。「それは、娘《むすめ》の問題やし、自分たちに任《まか》せてるけど」と私がいうと、「清水さんとこの娘《むすめ》さんは、ちゃんとしてはるから、それでいいんやわ」と、いつもいわれる。

そう見えるのは光栄だが、はっきりいって、ちゃんとはしていない。宿題を忘《わす》れて、残されたことも、「今日の忘《わす》れ物、十一個」と、連《れん》絡《らく》帳に書かれたこともある。夏休みや冬休みの最終日なんて、『サザエさん』ちのカツオ状《じょう》態《たい》。どうしても切りぬけられないことがある場合は、最小限《さいしょうげん》の手を出すけど、娘《むすめ》たちはほとんど自分でなんとかしている。

そんなん ウルトラマンに 決まってるやん
あーちゃん ちょうちょ
さてさて どうなることやら…

最近の子育てについて、実際《じっさい》に聞いたり見たりすると、じつにたいへんそうなので、四人も育てていると、尊敬《そんけい》されてしまう。神戸の少年の事件《じけん》以来、慎重《しんちょう》な子育てに拍車《はくしゃ》がかかったような気がする。「こういうことばや態度《たいど》に、子どもは傷《きず》つく」とか、「あの子はこういう育て方で、ああなってしまった」などなどの情報《じょうほう》にすごく敏感《びんかん》だ。育児相談をしている人に聞いたところによると、一人《ひとり》目も二人《ふたり》目も手をぬかず、同じ子育てをしようとして、しんどくなる母親がふえているそうだ。マニュアル世代が、親になってきているからかもしれない。そういう話を聞いていると、「子育てって、重いよなぁ」となってくる。

「娘《むすめ》たちよ、あとに続け!」なんて、私はお山の大将《たいしょう》をしながら、それぞれのキラッと光るものを見つけるのが好きだ。これを、ゆっくり育ててやりたい、と思うだけのお気楽子育てをしている。なんてったって、子どもの一つひとつの成長を見るのは、楽しいしオモシロイから、やめられない。

宿題がおわるまでそばで見てるの
おふろに一人で入れたら からだをちゃんと洗えてないでしょ だから私が洗ってやってる
持ち物は私がチェックしてる
そうなの…
音読のチェックもタイヘンョ
わすれものは、よくしているヨウダ
朝、「いってきます」と言って行ったあと「ただいま」と帰ってくることが多い
わすれもの〜
バァン
ドドドン
わが娘たちを見てみると…
勉強は…
いっ?!
しちは54だっけ
ポリポリ
本人たちが教えてほしいと言ってきた時に
いっしょに考えてやるぐらいかな
おふろは一人で妹を入れてくれる
ゴシゴシ
音読は、一日に何冊もしている うれしいことに親の出番が少なくなってきた
ぼくはてんかのおだんごぱん
おだんごちゃん
ま、これでいいノダ わたしゃおやまの大将だ
いれたよ
あーちゃんとーちゃんたちおこしてきて
ピチョピチョ

シワを刻《きざ》み続ける脳《のう》、うらやましいなぁ

「いっしゅうかんのまんなか　すいようび
いつもあさねぼうのケロちゃんがけさは
ちょっとちがう……」
　（『バムとケロのおかいもの』より）

字に興味《きょうみ》を持ちはじめた三女は、寝《ね》る前の絵本の読み聞かせを、すごく楽しみにしている。なかでも、このシリーズは、お気に入り

に加わった新顔といったところ。親子ともども、何回読んでもあきない。ページをめくるたび、ワクワク。そんな本が何冊《さつ》かある。『じごくのそうべえ』や『はじめてのおつかい』などは、表紙もボロボロ。長女から始まって、二女、三女と、百回以上読んでやったかも。

おふろに入って、寝《ね》る準備《じゅんび》ができると、絵本を数冊《さつ》持って待ちかまえている三女と四女。仕事で疲《つか》れているとき、その姿《すがた》を見ると、「かんべんしてよ」って思ってしまう。それでも、「どれから、読んでもらおっかなぁ」とうれしそうにしている三女に、「明日にして」とは、とてもいえない。「さぁ、読むよ」といって読みはじめたのはいいが、だいたい三ページ目ぐらいから、寝《ね》ながら読むという器用な

読み方になってくる。文の途中《とちゅう》で意識《いしき》がうすれ、口だけが勝手に動くのだ。で、とんでもない話になる。「かりうどは、おおかみを見るとにげていきました」と、赤ずきんちゃんを救出できずに話が終わってしまうし、「もう、わるいことはしません」とももたろうがおににあやまってしまう。すると、必ず「そこ、ちがう！」とおこられたり、「起きろー」と、二人《ふたり》に体をゆさぶられたりする。一字一句《いっく》よく覚えているので、いいかげんに読もうもんなら、たいへんな騒《さわ》ぎになる。

スポンジが水を吸《す》うがごとく、すごい勢《いきお》いでなんでも吸収《きゅうしゅう》してしまう三女。一、二回読んでやっただけで、だいたいのことばが、彼《かの》女《じょ》の脳《のう》にインプットされている。ちょっとのことでも、なかなか覚えられないガチガチの脳《のう》になってきた私には、うらやましいかぎり。けど、いらんことまで、よーく覚えてるのにはまいる。おまわりさんが立っている所で、「赤信号で渡《わた》っても、いいときもあるんやなー」と、いわれてドキッ！。

夫の読み聞かせは、
むかーし あるところに びんぼうな じいさんと…
じぞうさまは そそそ… いつも
じーさまが かぶっていた かさを
とって かぶって そそそ…
かえっていたと…
コックックッ
じぞうさまが うちに かえったの… こわい
こうなる
ちがうやろー ちゃんと読んで
とーちゃん なぁなぁ よんでよー
バシッ
だから…
ガブッ
みーちゃん たすけてー
ガァギ〜
スピ〜
プシュ〜
うるさいってよー
子どもべやから 追い出される
こら!!とう おきやっ
バシッ
世にも悲しい物語 ナノデス
さぁ これで ねられるよ
あーちゃん ねるぞ…
トボトボ
きゃあー
ズルズル…
うん!!

こういうときには、家族会議です

小学校は、学年が進むたびに、授業《じゅぎょう》時間数がふえる。高学年にもなると、六時間目まである日がほとんど。

「はぁ、疲《つか》れたぁ」と、家に帰ってくるなり、ドサッと座《すわ》りこむ長女と二女。日によって山もりの宿題のことを思うと、気が重くなるのか、「もう、いや！」とバクハツしている。

だんだんと学校のほうに時間がとられるようになって、子どもたちは余裕《よゆう》のない生活を送るようになっている。そのためか、なんだか最近イライラしているのだ。

　そんな彼女《かのじょ》たちに、酷《こく》なようだが家の用事を今までと変わりなくやってもらっている。前までは、「やっておもしろい」だったのに、「やるのがしんどい」になってきたみたい。

　その様子を見た夫が、「家族会議しようか」といって、夕食後、家族全員で話し合うことになった。「今やってるそれぞれの用事を、黒板に書き出して」と、議長の夫が指示をすると、長女と二女が、それぞれ「朝食作り、ふろそうじ、せんたくものたたみ」と書いた。

「じゃあ、ちーねぇ（私のことを、娘《むすめ》たちも

夫もこう呼《よ》ぶ)」といわれて、書きはじめるとけっこうあるのだ。「朝は、せんたくにせんたくもの干《ほ》しに、そうじ機かけ、皿洗《あら》い、ゴミ捨《す》て、ふとん干《ほ》し、靴洗《くつあら》い……」と、昼も夜も加えると、書ききれない。娘たちは、声をそろえて「すごい。いっぱいしてるんやな」と、驚《おどろ》いていた。こうやって書くまでは、私がどれほどの用事をしているか、知らなかったようだ。「こんだけやらなあかんことがあるんやし、ちょっとでも手伝っていかなあかんちゃうやろか」と夫。「でも、私ら学校でいそがしいし」と娘《むすめ》たち。「そんなんゆうたら、とーちゃんもちーねぇだって仕事でいそがしいんやで。おとなも子どももいっしょや」という夫のことばに、「そうやなぁ」と娘《むすめ》たちはうなずいた。「それぞれがやれることを、できるだけやっていこう」という合意を得て、家族会議は閉会《へいかい》した。

時間に追われる生活をしてると、ついつい見のがしてしまうことがある。それは子どももおとなも同じ。家族だから許《ゆる》されるんじゃなく、家族だからこそ厳《きび》しくおたがいを見つめることも、時には必要だ。

娘たちから見ると私はヒマんにしか見えないようだ
私らばっかり用事やってるなー
ほんまにいそがしいなー
学校から帰ってきたら、ねてるし、
ただいまー
きのうてつやしてたんだよ
自転車でよく出かけるし、
るすばんよろしくぅ いってきます!!
しゅざいだよ
どこいくのー?
なんか買ってきて
自分は何もしてへんのに、おこりはじめるし、
イライラ
いそがしーんだよ
いいかげんかたづけてよね
ビールを飲み出したらとまらへんし…
すきなんだよー
いっぱいいれてよね
よーのむなー
かと思ったら歌いながらおどってるほんまに忙しいんやろか
エッホッホー
ヨイサッサー!
と、思われている私デス

「おたがいさま」の関係、つくりたい

「私らも、小さいとき、ここでこうしていっぱい遊んだなぁ」「そうやったなぁ」と、近所のおばさんたちの声が聞こえてきた。

私の家の前は、ちょっとした路地で、子どもが遊ぶには格好《かっこう》の場所である。この路地の並《なら》びは、子どもが多い。わが家の娘《むすめ》たちと同じ年の子どもたちもいて、いっしょに遊ぶこ

とが多く、休みの日になると、すごくにぎやかだ。「ふーちゃーん、みーちゃーん！」と、朝早くから、お呼《よ》びがかかると、朝ごはんもそこそこに飛び出して行く。私が、いくら「はよ着がえや」といっても、ダラダラしているのに、ゲンキンなものだ。

下の二人《ふたり》は、おばさんたちともよく話をしている。なにやら楽しそうな話し声に、私の用事の手も止まる。いっしょに鉢植《はちう》えの世話をしたり、家に上がらせてもらったりもしている。「私も小さいころ、こういうふうによくしてもらったなぁ」と、懐《なつ》かしく思い出す。

でも、最近こういう光景は、めずらしくなりつつある。地面にろう石で絵をかくと、「ちゃんとあとで消しといてや」とにらまれ

すみませんが
男の子用で…っ
じゃあ
男の子の方に
ならんでね
いいのよ～
男の子
ふーちゃん
というわけで
三女は きげんよく
地域の行事に
参加できている
みなさん
ありがとう

たり、子どもが泣くと、うっとうしがられたりするようだ。「自分のところさえよければいい」という感じだ。

子育て現在《げんざい》進行形の人でさえそう。人の子が、悪いことをしていても、しからない。そのぶん、陰《かげ》でその子や親の悪口をいったりする。自分の子が、しかられでもしたら、血相変えて陰《かげ》の悪口いいたい放題《ほうだい》。親自身がちょっと変わったことをしたり、いったりしても同じことがある。「おたがいさま」の関係もできにくい。今の子どもたちの姿《すがた》は、おとなたちの縮図《しゅくず》だ。

子どもは、地域《ちいき》の中で育つ。子育てのしやすい地域《ちいき》は、住みやすい地域《ちいき》でもある。コミュニケーションのとり方ひとつで、住みよさがガラッと変わる。

みんなが気持ちよくくらせるためには、どうしたらいいか。その答えが、表で子どもたちを見ながら、話を弾《はず》ませているおばさんたちの姿《すがた》にあるように思った。

おーい
ひこーち
ほら だんごむし
むいむい
いっぱいや
ふーちゃん
きょうちゃん
いつも にぎやか やね
わたしらも ああやって よくあそんだわ
よーいどん
きゃあー
今日も路地から
子どもたちの元気な声が聞こえてくる

キラッと輝《かがや》くその子らしさを発掘《はっくつ》すれば……

ここちよい風が、ゆったりとした時間を運んでくれる。まさしく「春の日長」。そう感じはじめた日に、長女と二女のピアノの発表会があった。

私が小さいころ経験した、ドハデなピアノの発表会とはまったくちがう、ほのぼのとした温《あたた》かいふんいきが、会場いっぱいに漂《ただよ》う発

表会だった。

「ここで、練習します」という子がいたり、クラリネットとピアノのデュエットをする親子もいたり、子どもからおとなまでが、それぞれのピアノの音を響《ひび》かせた。一人《ひとり》ひとりを大切にしながら、ピアノの魅力《みりょく》や、音楽のすばらしさを伝えてくれる先生の人がらが、どの子の姿《すがた》にもにじみでていた。

「ああいう発表会を見ると、ピアノを習わせてよかったと思うなぁ」という夫のことばに、「ほんまやなぁ」と、うなずいた。

長女がピアノを習いはじめたのは、保育園《ほいくえん》卒園のころ。きっかけは、「お友だちが習ってるから、自分も習いたい」という、よくある理由からだった。川崎《かわさき》病による血行障害《しょうがい》で右

音楽を聞くと
自然にからだが踊り出す
長女は
この二人によって
ますます音楽が
大好きになった
今では
血液といっしょに
音符が流れているみたい

手の親指を除《のぞ》く四本の第一関節から上を失った長女が、ピアノを弾《ひ》くのは、ほかの子と比《くら》べるとはるかに不利だと思った夫は、反対した。が、私は、習わせたかった。小さいころから音楽を聞くとおどりだす『いなかっぺ大将《たいしょう》』の大ちゃんのような長女。彼女《かのじょ》は、全身で音楽が好きなことを表現《ひょうげん》していた。「大きくなったときに、いろんな選択肢《せんたくし》があったほうがいい。音楽もその一つになったらいいと思う」という私の強い意見に、夫は同意してくれた。

あれから、四年と三か月。うまく弾《ひ》けなくて泣いたことも、練習したくなくてスネたこともある。でも、ピアノを弾《ひ》く姿《すがた》は、どんなときより、輝《かがや》いて見えた。ピアノを通じ、音楽の世界で、自分を表《ひょう》現《げん》する楽しさを、彼女《かのじょ》は少し知ったようだ。

今月から、学校のクラブでは音楽クラブに入り、学校外のいろんな所でも活動するブラスバンド部にも入った。音楽は、着実に彼女《かのじょ》の体にしみこんでいる。

集団の中では 目立たず
苦手なことや
いやなことばかりが 気になって 落ちこむことも あるけれど
誰でも キラッと 輝く ものを 持っている
カントリーロード
このみちー
ずっとー
ゆけばー
私たちは それを発掘する 探検隊 なのだ

子どもの視点《してん》が思い出させてくれるもの

わが娘《むすめ》たちと自宅の教室に来ている子どもたちに、それぞれ使い捨《す》てカメラを持たせて、親もいっしょに地域《ちいき》をぶらぶら歩いてみた。日ごろ、気づかなかったことが、なんと身のまわりに多いことか。

「うわっ、こんなところにイワシの頭がぶら下げてある」と、大騒《さわ》ぎしたり、あっちこっ

久しぶりに降った雪に
大喜びの四女
わぁ〜
ゆきこんこん
保育園に行くと
積もっていた雪が
とけてしまい 大泣き
ゆきこんこん
なくなったよー

ちの屋根の上に、ちょこんと置かれた「鍾馗《しょうき》さん」さがしに夢中《むちゅう》になったり。

　いろんなモノを見るたび、「なんで、こんな所にあるの？」「なんで、ここに穴《あな》があいてるの？」と、疑問《ぎもん》でいっぱいになる。すると、横にいるおとなや、そこに住んでいる人が説明してくれる。子どもたちは、どんどん「なんで？」を見つけていく。

　できあがった写真を見ると、それぞれが、興味《きょうみ》を持っているモノや、求めているモノが見え隠《かく》れしていて、おもしろい。

　小学生の子たちと同じように、カメラを持ちたがってダダをこねた三女。「よう撮《と》らんくせに、もったいないなぁ」と思いつつも、グズグズいいながら私にしつこくまとわりつく

あーちゃん くつ下見てごらん
先生が四女のはいていたくつ下に気がついて
ひっくひっくひ‥ う?!
気げんがなおった
ゆきこんこんなくなったけろ あーちゃんのくちゅしたに ゆきこんこんふってるでー
雪の日には このくつ下 四女のこだわりが 一つ増えた

ので、しぶしぶ買いあたえた。が、どれも視点《してん》がおもしろく、しっかり撮《と》れていたのには、みんな驚《おどろ》いた。それ以上に驚《おどろ》いたのは、いつのまにか家族一人ひとりの写真を撮《と》っていたこと。彼女《かのじょ》が撮《と》りたいと思ったのが、まず家族だったことを知り、うれしかった。彼女《かのじょ》の写真からは、独特のやさしさが伝わってきて、見ている側の心のトゲトゲした部分を取り除《のぞ》いてくれる。

目に止まったものを、撮《と》る。ただそれだけのことなのに、不思議だ。なにげない写真の一枚に、ファインダーをのぞく子どもたちの素直《すなお》な心の目が写る。

窓越《まどご》しに見える猫《ねこ》の顔も、歩いている人も、古い家も、玄関《げんかん》につながれた子犬も、おとなならば撮《と》らない角度で撮《と》る。子どもにしか見えない町の顔がある。子どもの視点《してん》は、おとなたちが失っていた何かを思い出させてくれる。

はいチーズ
カメラを泣きおとしの術で手に入れた三女
うれしくてうれしくて
あっちこっちで
カシャッ
きっとぶれてる写真ばかりだろーなと思っていたが…
わぁー
あれなんや?
幼児でもバッチリ撮れる使い捨てカメラ
私だけが信じてなかったみたい

バクハツ娘《むすめ》が、お助けマンにヘンシ〜ン！

地域《ちいき》や保育園《ほいくえん》、小学校でいろんな役をしていると、夜の会議に出席しないといけないことが多い。夫の仕事も、夜の会議が多く、二《ふ》人《たり》の会議が重なると、私が娘《むすめ》たちを会議に連れて行ったり、たまに娘《むすめ》たちだけで、留守番《るすばん》をさせておくことがある。

つい最近まで、そんなときに、頼《たよ》りになる

ガムテープを発明した人は誰でしょうか？
いっ？
なかなかしぶい問題出すねえ

のは、長女だけだった。二女はというと、小さい子の面倒《めんどう》を見るのが好きなくせに、気が短いため、いっしょに遊んでいて、思うようにならないと、すぐバクハツしてしまう。三女、四女と同じように、ギャアギャア泣いていたこともある。

そんな彼女《かのじょ》が、なんだか少し変わってきた。

「ちょっと、あーちゃん見ててな」と、いうと、たいてい二女が、返事をするようになった。三女の誕生日《たんじょうび》プレゼントには、字に興味《きょうみ》をもちはじめた三女のために、字が書けるようになるプリントを作ってあげていた。

私が何もいわなくても、長女や妹たちのために、いっしょうけんめい考えられるようになってきたのだ。四女が、自分の思いが通じ

なくて、ひっくり返って泣きまくると、お助けマンとなって登場する。お手上げ状態《じょうたい》だった私たちは大助かりしている。

何が、彼女《かのじょ》をそうさせたのか。思い当たることは、いろいろある。友だちとのトラブルで、彼女《かのじょ》の気持ちをちゃんと受け止めてくれた先生の存在《そんざい》や、あこがれのクラブが始まったことや、いつもしかられていた父親との関係がよくなっていることなどなど。それらすべてが要因《よういん》となったのだろう。二女の発するオーラはいま、家庭内にいい刺激《しげき》をあたえている。長女も三女も、彼女《かのじょ》のマネをしたり、自分で何かをしようとしている。

なんにでも好奇心《こうきしん》いっぱいで、興味《きょうみ》のあるものを見たり、聞いたり、読んだりしている二女。自分のやりたいことができ、自分に自信ができると、人間って、なんてイキイキするんだろう。それは、おとなも子どもも同じだなって、彼女《かのじょ》を見て思う。

こんなときも
あーちゃんの
ふーちゃんの
ぎゃおぉ〜〜
じぶんでー
パンイチュ
いやー
だめー
あかん
こんなときも
あのね…
こんなときも
うわぁ〜〜
あとぼ
あはは
仕事中
ジャマするな
—とう—
とんできてくれるヘルプマン二女
はーい
みーちゃーん
たすけて〜
ヘルプ〜
よしよし
かみしばいよんであげるから泣きやみや
やったー
ひっく ひっく
ひひ
べーろ
そして、いつも私たちが悪者になってしまう

赤ちゃんには、エネルギーがつまってる

賀茂川《かもがわ》に沿《そ》って走る加茂街道《かもかいどう》には、この時期、「緑のトンネル」が所どころに現《あらわ》れる。新緑の大木の中を通りぬけると、身も心も浄化《じょうか》されたような気になる。木もれ日と風でゆれる葉っぱのにおいが、なんともいえず気持ちいい。夫は、この道を車で走りながら、「葉」の字が入った三女の名前を思いついた。

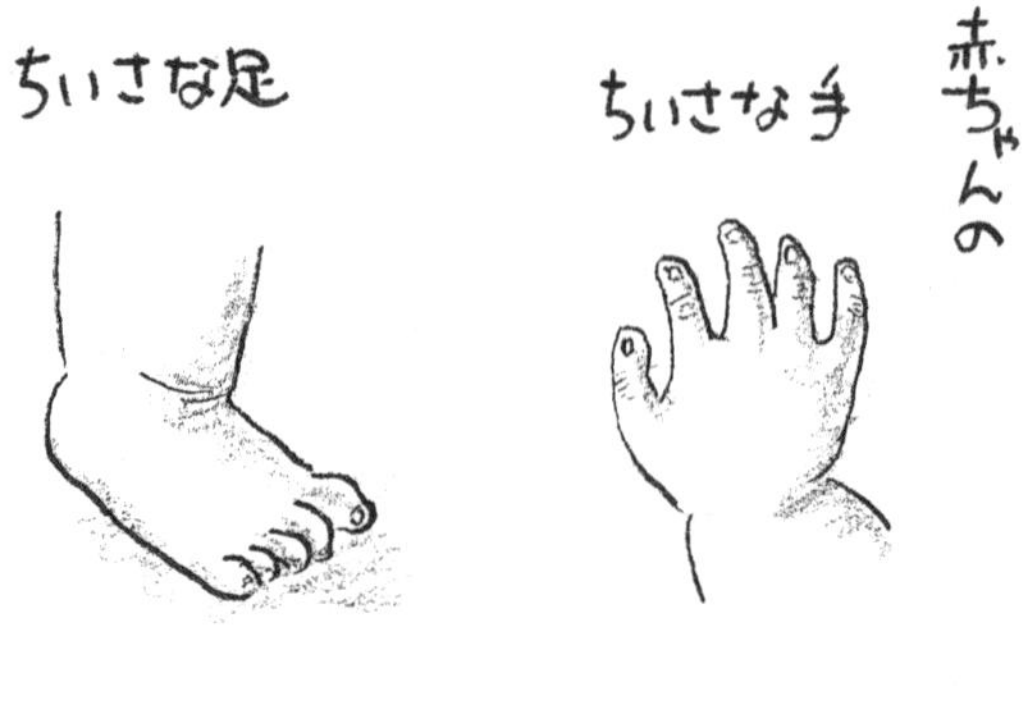
赤ちゃんの
ちいさな手
ちいさな足

ギュッとにぎった小さな小さな手。「何をにぎってるの?」と、長女は生まれたばかりの三女の手を見ていった。「かわいいね」と、二女は三女のプニュプニュのほっぺに、自分のほほをスリスリしながらいった。四年ぶりの赤ちゃん登場に、私たち家族も、近くに住む夫の両親もおおいに沸《わ》いた。

そんなことを、ふと思い出した三女の五歳《さい》の誕生日《たんじょうび》に、夫の妹が初めての赤ちゃんを産んだ。

面会に行ったとき、ガラス越《ご》しに見た赤ちゃんに、夫も娘たちも目じりが下がりっぱなし。私たちは、「かわいいなぁ」といいながら、なかなかその場を離《はな》れられなかった。

すると、入院中のおばあさんを車いすに乗

せて、おじいさんがやってきた。「ちょっと、見せてください」と、おばあさんは、力の入らない足をふんばって立ち上がり、赤ちゃんの見える所まで足を伸《の》ばした。赤ちゃんの顔を見たとたん、今までしんどそうな表情《ひょうじょう》だったのが、みるみる笑顔《えがお》に変わった。

この夫婦《ふうふ》のように、新生児室をのぞいて、闘病《とうびょう》で疲《つか》れた心を癒《いや》しているのを、何度も見たことがある。そういえば、長女と二女も、この日、病院に着くまで、学校で体力を消耗《しょうもう》しきった顔をしていたのに、赤ちゃんを見て帰るときには、見ちがえるように元気になっていた。

不思議だ。赤ちゃんはきっと、「これから生きていくぞ」という、小さいけれど力強いエネルギーを放出しているのだ。それを、もらうことで、みんな元気になれる。赤ちゃんがいっぱいいれば、元気な人がふえるのかも。

赤ちゃんがいる。それだけで、なんだかすごく幸せな気分になるよね。

ふーちゃん弟がほしいナ
いっ?!
遊び友だちのような弟がほしい三女
それは、ちょっと…
ねぇねぇほしいよー
三女の五さいの誕生日に
ハッピーバースデー
えへへ♡
おめでとう
夫の妹が男の赤ちゃんを出産した
大喜びした三女は
それ以来弟のことを言わなくなった
かわいいネ
赤ちゃんてホントにかわいい
誰もが見ているだけで幸せ気分

考えてみよう。ほんとうのバリアフリー

「なぁなぁ、自転車乗ってきてもいい？」

と聞いては、家の前の路地を、何度も自転車で往復《おうふく》している三女。曲がれなかったり、ブレーキをかけられなかったりして、こけては青あざをあちこちにつくっている。それでもまったく平気で、ヒマさえあれば乗りまわしている。

仕事でヨーロッパに
行ってきた夫は
自転車の
すばらしさに
改めて気づき
帰国してから
さっそく
自転車を
買った

まだ四歳《さい》だった三女が、私たちが知らない間に、コマなし自転車に乗れるようになっていたのを見たときは、ひっくり返りそうになった。長女と二女のように、小学生になってから乗れるもんだと思っていた私たちは、三女がやってのけた快挙《かいきょ》に大騒《さわ》ぎした。

あれから、二か月。自転車が重いため、フラフラしながらも今や、片手《かたて》乗りまでしている。危《あぶ》なっかしくて、見ていると、冷《ひ》や汗《あせ》が吹《ふ》き出す。なのに、買い物に出かける私を見ると、自転車で必ずついてくるので、タイヘン。後ろをずっと気にしながら自転車で走る私のほうが、何度もこけそうになる。

数日前、いつもと同じように走っていると、後ろで「ガシャーン」。ハッとして、ふり返る

と、三女が自転車とともに車道でこけていた。

なぜ、こけたのか、原因《げんいん》はすぐわかった。新しくカラー舗装《ほそう》した歩道と、車道の色が同じで、夕方になると、区別がつかなくなる。で、その段差《だんさ》に気づかず、転んだのである。「きれいになって、走りやすいなぁ」、なんて思っていたのに、意外なところに盲点《もうてん》があることを知った。

その事件《じけん》をきっかけに、「自転車が走りやすい道とは、歩行者が歩きやすい道とは」と、考えるようになった。最近は、バリアフリーの街づくりが、あちこちでいわれているが、実際《じっさい》に行われている所は、まだまだ少ないのかな。商店街の歩道を、歩きやすくなるように舗装《ほそう》して、見た目もきれいにしても、「自転車で走ってると、たまごが割《わ》れてかなんわ」といわれるほど、段差《だんさ》がたくさんあったりする。広げられた歩道も、商品のはみ出しや駐輪《ちゅうりん》などで、以前より歩きにくくなってしまっている。道路などのハード整備《せいび》も大切だけど、そこに住む人たちの声にも、耳を傾《かたむ》けてほしいな。

三女がコマなし
自転車に
乗れるようになった
だが……
道路はきれいに整備されたのに
路上駐車はへらないし
自転車は相変わらず
走りにくい
うわあ〜ん
三女は歩道を走っていて車道へたおれた
歩道
車道
段差も
多いまま
歩けば
誰かが
必ず
こける
ドテッ
ゴチッ
誰もが
安全で
快適に
利用できる
道路
を
つくって
ほしいナ

学校。いま、何が大切なんやろうか

学校が、塾《じゅく》との連携《れんけい》を求める、なんていう、けったいな時代になってきた。学級崩壊《ほうかい》や不登校といった問題が起きるなかで、塾《じゅく》が持つ教育力を前向きに活用しようという考えからだとか。じゃぁ、学校は、何する所なの？

塾《じゅく》に行っている子のほとんどが、「塾《じゅく》の授《じゅ》業《ぎょう》のほうがおもしろいし、よくわかる」とい

子どもたち
お気に入りのうた
おとなは
いーつも
しんどい
つかれたって
言うけれど
ほんまは
子どもも
つらいんやで

う。塾《じゅく》では、課題を理解《りかい》させるために、あの手この手を考えて授業《じゅぎょう》をするし、子どもたちが講師《こうし》の採点《さいてん》をして、わかりにくくおもしろくない授業《じゅぎょう》をする講師《こうし》は減給《げんきゅう》、なんていう所もある。一人《ひとり》ひとりに合わせた授業《じゅぎょう》もしてくれる。授業《じゅぎょう》がすべてなんだから、そうなるのもわかる気がする。

学校の授業《じゅぎょう》はというと、ドンドン進まないといけないので、わからない子がいても、ほとんどフォローできない。行事も多く、先生は何やかやといそがしいし、ゆっくり子どもたちと楽しめる時間がない。子どもどうしが、おたがいのことを考える時間もない。その結果、今起こっているあらゆる問題に、お手上げになってしまうのだろう。

今日も
びっしり
五時間で
宿題どっさり
たまらんわ♪
計ドに
漢ドに
本読み♪
日記
こんなーに
いっぱい
してたら
頭パンクして
アホになる♪

今のままでいいのだろうか？　どんどん進まないといけない学校の授業《じゅぎょう》のカリキュラムを、見直すことはできないのかな。知識《ちしき》のつめこみは、学校全体の悪循環《あくじゅんかん》を生み出していると、思うんだけど。入学前には、ランドセルを何度も背負《せお》いながら、「学校へ、早く行きたいなぁ」と、目をキラキラさせていっていた長女と二女。けど、入学して、一年もたたないうちに、「学校、おもしろくない」「行きたくない」「勉強いやや」といっていたのを思い出す。「保育園《ほいくえん》がよかったなぁ」なんていいながら、宿題をするたび、涙《なみだ》目になっていた。

土の感触《かんしょく》や、風の声、おひさまのにおいを体いっぱいに感じ、夢《む》中《ちゅう》になれるものがあった保育園《ほいくえん》のような小学校が、あったらいいのに。学校で、あたえられることにうんざりしている娘《むすめ》たちを見ていて、そう思わずにはいられない。

学校から つかれきって 帰ってくる 長女と二女
はあい〜
しゅくだい いっぱいや
遊べる時間も少ない
うー
あー
どうしたんや
ストレス たまってんやて
三女と四女は保育園で思いっきり楽しんでくる
ほらみみじゃ
ごあんどーぞ
タンタタタタタ…
長女と二女も思いっきり遊ぶことができたら
きゃあ〜
ストレスなんて知らずに毎日楽しめるはず
おもしろー
私たちも同感です
こんな学校あったらいいナ
ぜんぶ楽しいな

一人《ひとり》ひとりちがうペース。それでいいやん

保育園《ほいくえん》の四女のクラス懇談会《こんだんかい》で、「出したオモチャをかたづけなくて、困《こま》っています。みなさんはどうしてはりますか?」といったおかあさんたちのことばに、ハッとした。「そうか、四女もかたづけができる年齢《ねんれい》なんや」と。

去年の今ごろにも、同じようなことがあった。クラスの子どもたちは、単語をはっきり

時々 四女は 名前が 変わる
ねぇねぇ あーちゃん!! あーちゃん でばー
あーちゃんとちがう
くまのプーさんです!!
ほんで

しゃべることができる、ということを懇談会《こんだんかい》で初めて知った。四女は、まだ「あーあー」「ちゃちゃちゅちゅー」ということばしかいえなかった。

　こういう会に出て、同じ年齢《ねんれい》の子どもを持つ親の話を聞くたびに、「歩くのがおそい」「ことばをまだしゃべらない」「歯がはえない」「野菜を食べない」などなど、ついつい自分の子どもと比《くら》べて、不安になる。私も、そう。「おねえちゃんがいると、ことばをしゃべりはじめるのは早いはずなんだけど……」、「かたづけをしないのはなぜなんだろう……」、と原因《げんいん》を考えてしまう。

　それもそのはず。「あー」と、四女が指をさせば、「これか？」「あれか？」と、私たちも

おねえちゃんたちも動く。四女は、首を縦《たて》にふるか、横にふるだけで、自分の意思を伝えることができた。何をしても、家族に「きゃー、かわいい」「すごーい」を連発される四女には、ことばはいらなかった。今だって、状況《じょうきょう》はあまり変わらない。

一番下の運命とでもいうべきか、気づけばだれもが赤ちゃんあつかい。「ちょっと、あまえさせすぎたかなぁ、と反省しています」と、保母《ほぼ》さんに話したら、「あまえられるときに、ウンとあまえさせてあげて」といわれて、なんだか心底ホッとした。

きのうできなかったことが、今日できたり、今日できたことが、明日できなかったり。そんなこんな、行ったり来たりしながら、子どもは成長していく。四人の娘《むすめ》たちは、四様の成長のしかたをしている。育児書どおりには、なかなかいかないもの。やっと、取れたオムツも、おもらしばかりで、「オムツ復活《ふっかつ》」しても、はっきりしゃべれなくても、「まぁ、いいか」なーんて思えるとは、私も成長したもんだ。

一歳半を過ぎた頃の四女 しゃべれなくても
これか?
なんやー?
あーあー
こっち?
目でしゃべれる得技があった
ほしい
おかしが
ふんふん
泣けば誰かが必ずだっこをしてくれる
ひっく ひっく
よしよし
片付けもしなくていい
かたづけや
あーちゃんが出したのにー
甘えさせすぎや!
最近甘やかせすぎたかな…と思うこともあるけど
うーん
四女の成長を、みんなでゆっくり喜びあっていきたいナ♪
かわいいー うたってるよ
いしから うまれた そんごくうー
すごーい

たなばたの空に。願いごと、かないますように

♪ささのは　さらさら　のきばにゆれる♪

ついつい口ずさんじゃう。そう、今日はたなばた。フッと夢《ゆめ》を見ているような気分になる行事だけど、祝日ではないし、気づかずに通りすぎてしまう行事でもある。

私は、今でもこの日が、大好き。子どものころ、数日前に、笹《ささ》の飾《かざ》りつけをして、願い

大勢の中で話をするのがすっごく苦手な私
カチンコチン
自分のしゃべる番が近づいてくると心ぞうの音が全身にひびきわたる
ドクン
ドクン
ドクン
ドクン

ごとを短冊《たんざく》に、真剣《しんけん》に書いていた。当日、年に一度しか会えないおり姫《ひめ》とひこ星のために、晴れるように、そして、自分の願いごともかなうように、何度となく空を見上げて、祈《いの》ったもの。いつのころからか、短冊《たんざく》に「好きな人に思いが通じますように」なんて、書いたりしていたのを、懐《なつ》かしく思い出す。

結婚《けっこん》して、子どもができても、子ども以上に、楽しんで笹飾《ささかざ》りを作る私。近くの子ども文庫でも、毎年、おばさんたちが笹《ささ》を用意して、子どもたちといろんな飾《かざ》りを色紙で作ってくれるので、そこに出没《しゅつぼつ》することもある。

とにかく、行事ごとにワクワクして落ち着かない私とは、対照的な夫。彼《かれ》は、あまり行事慣《な》れしていないので、冷ややかに見ていた

しゃべりはじめると 頭の中は まっしろ
何を 言って いるのか 自分ではぜーんぜん わからない状態
しゃべればしゃべるほど 言いたかった内容から 遠ざかって いく
そのあと しばらく固まって動けなく なる
あぁ… 話をするのが 上手に なりたいナー

が、強引《ごういん》に引きこんでいった。「ほら、これに願いごと、書くんやで」というと、初めのころは、かなりひいていたが、最近では、「何書こうかなぁ」と、子どもたちと楽しんでいる。

今年は、「お医者さんに、なれますように」「保母《ほぼ》さんに、なれますように」「みんな元気にすごせますように」などなど、色とりどりの短冊《たんざく》に書かれた願いごとが、風にゆれている。長女と二女も、成長したなぁ、なんて、それらを読みながら思う。そのなかで、自分の名前が書けるようになった三女の字が、なんともいえず頼《たの》もしい。おねえちゃんに教えてもらいながら、「うるとらまんになれますように」と、書いていた。ちなみに、私たちも、「仕事がうまくいきますように」「お金持ちになれますように」。

最近では、「たなばた、たなばた」と、幼児《ようじ》以外には騒《さわ》がなくなったような気がする。こういう行事を、おとなも子どもも楽しめる時間が、なくなってきたのだろうか。さみしいなぁ。

1
わくわく しながら ささを 用意して
2
みんなで かざりづくり ねがいごとも…
チョキチョキ
どれどれ
みたらあかん
ばぁー
3
それらをぶらさげるための こよりもつくる
ティッシュでこよりをつくっちゃお
どうするん?
みせてー
4
♪会いたくて 会いたくて♪ 会えなくて〜〜
「7月7日、晴れ」by ドリカム
夫も引っぱりこんで
そうそう 私らも こんなんやったナー
5
準備完了!!
バシッ
ぶーちゃんがつくったスイカ 食べたらあかん
べぇー
6
ねがいごとがかないますように…
今日はたなばたです

LOVE LOVE LOVE……

「自分を受け入れられない人は、他人を受け入れることはできない」

先日、精神科《せいしんか》の先生の話を聞く機会があった。聞いていくうちに、涙《なみだ》が出そうになった。

私は自分がきらいだった。なぜ、そうなったか。ベールに包まれたような原因《げんいん》が、そのときはっきりとわかった。うまくいかないこ

とがあっても、許《ゆる》されたり、やさしくしてもらえたり、という温《あたた》かさを、家庭内で感じることができなかったからであり、真の安らぎを感じることができなかったからである。

常《つね》に、他人と競争し、いい点を取ったり、親に都合《つごう》のいいように動けば、認《みと》められた。ちょっとでも反抗《はんこう》しようもんなら、親は権力《けんりょく》をふりかざし、「しつけ」という名のもとに、圧力をかけてきた。だから、私には反抗期《はんこうき》がなかった。「いい子にしていなければ、親に愛されない」と子どもながらに、けなげに思っていた。

けど、いい子の仮面《かめん》をぬいだ自分に気づいたとき、自分という存在《そんざい》が、いったい何なのか、わけがわからなくなった。ただ、目の前にいる親が親であることを、許《ゆる》せなくなり、

心の中が
こうなっていくよね

果ては、他人を受け入れることができなくなっていった。

「子どもを持った親は、自分の親と同じような子育てをする可能《かのう》性《せい》がある」と何かの本で読んだときには、血の気が引いた。親にされてきたようなことを、自分もするのではないかという恐怖《きょうふ》で……。

幸いにも、私のことを受け入れてくれる夫の存在《そんざい》があったので、自分の親は、反面教師になってくれた。

結婚《けっこん》して、真の心の安らぎを得た。それは、すべてをプラスにしていく力になった。こんな自分でも、自信が持ててしまうから、不思議だ。けれど、いまだに、自分の中に子どものころのままの自分がいて、親の愛を求めている。「かなりフクザツな人間だよなぁ」なんていいながら、夫と笑うこともしばしば。

「子どもにどんなマイナスの点があっても、愛されているという体験を、シャワーのように浴《あ》びさせてあげて」と、その精神科《せいしんか》の先生は話されていた。そう、私がしてほしかったのは、コレ。「娘《むすめ》たちには、してあげてるだろうか」と、ふとふり返った。

小さい頃
私はいつも
どうしたら母はふりむいて
くれるのだろうかと
考えていた
1
どんな
欠点があっても
どんな失敗をしても
病気をしても
ビリビリ…
スルッ
バキッ
2
見捨てられない
拒否されない
真の安らぎを
求めていた
3
なのに
子育てを
するようになった私
は
報酬
としての
愛を
示すことが
多かった
おふろそうじおわったよ
せんたくものたためたし
ありがとう
4
何かあるとどんどん
追いつめることも
していたし…
おにくるでー
ヒェ～
だだだいじょうぶ
5
自分を
認められ
他人も
認められる
成熟した大人に
なるって
いうのは
むずかしい
キミも成長したねー
ボクと比べると
まだまだだけど…
ドシッ
ボキッ
6

極上のゼイタクは、い・か・が？

今日から、小学校は夏休み。宿題のドリルに、読書感想文、絵、自由研究……。たーくさんの宿題の山に、ため息をつきながらも、娘《むすめ》たちと私は、四十日間をどうやって楽しもうかと、あれこれ考える。

新聞の折りこみ広告の「よくばり沖縄《おきなわ》四日間」「北海道優雅《ゆうが》な休日三日間」などハデな見

泊まりに行ったところの朝食がバイキングだったとき
同大さわぎ
思いっきり食べるぞー
やったー
これ好き♥
にひひひ
わぁ
やっちゃー

出しに目が止まる。内容《ないよう》を見ると、なんともかとも、おいしそうで、楽しそう。地元のホテルの夏休み企画《きかく》も、見のがせない。子どもが「行きたい」といいたがるものが多い。

短縮授業《たんしゆくじゆぎよう》になったころから、「どこかへ連れてって」と、いいだした長女と二女。「友だちな、北海道へ行ったことあるんやて」「ハワイで泳がはったこともあるって」と、まぁ友だちの夏休みを、うらやましそうに語る。

「私だって行きたいよ」といいながら、広告に書かれた費用を見る。家族六人だと……、OH、ノー。外食だって、ままならない状況《じようきよう》で、旅行なんて、なんたるゼイタク。

てなわけで、とにかくお金をかけずに、時間をかけて楽しめる、わが家ならではのオリ

ジナル企画《きかく》を考えましょう。毎年、京都市所有の施設《しせつ》を使って、キャンプをしたり、海へ夫の両親に連れて行ってもらったり、がメインメニューで、あとは、ボーっとしている。それで、娘《むすめ》たちは、けっこう満足しているので、今年も、これでいこうっと。

毎日、おとなが決めた時間割《じかんわり》を、追いたてられるようにこなしている子どもたちが、ホントに必要としているのは、何者にも何物にも束縛《そくばく》されない時間じゃないかと思う。おとなは、とかく何時までにコレをさせとかなきゃ、何日までにアレを終わらせとかなきゃ、と子どもの行動を逐一《ちくいち》決めたがる生きもの。「決めないと、不安になる」と、だれかがいってた。

私は、娘《むすめ》たちとゆっくりしたいよ。草いきれの中で、止まった蝶《ちよう》を、息を殺して見たり、木陰《こかげ》で笛吹《ふえふ》いたり、肩《かた》の力をぬく夏休みがいいいな。これぞ、今の私たちにとって、極上のゼイタク、だったりして。

カチコチカチ…
家でも
はよ いくでー
ふぇ〜〜ん
1
キンコンカンコ〜ン
学校でも
はやいなー
もう休みじゃん おわりや
2
時間に追われる毎日
全自動ははやいからうれしいけ
3
山に行ったときぐらい
ん〜くうきがオイシイ
おーきな松ぼっくりや
4
海に行ったときぐらい
ブクブク
5
ゆっくりしたいよね
もってきたでー
しーっ
しーっ
わぁ♡
6

はじまりは、いつも晴れ！

家の中で、なかなかかたづけられず、たまる一方のモノのなかに、写真がある。長女が生まれたときは、何枚も同じような写真を、たーくさん撮《と》っては、せっせとアルバムにはっていったもの。なのに、二女以降《いこう》、写真の数が極端《きょくたん》に減《へ》ったにもかかわらず、アルバムにはるのがおっくうになってしまった。

とるよー
10年前に買った一眼レフカメラ
最近シャッター速度が遅く
ジージージー
ガクッ
あかん なかなか ピントが あわへん

「これは、いかん」と、整理にかかったが、おそろしいほどの写真の量を前に、「これは、見なかったことにしよう」と、もとの位置にもどしてしまった。今では、だれの何歳《さい》のときの写真なのか、確認《かくにん》するのに、相当の時間がかかりそう。

こんなにも、写真のあつかいがいいかげんなのに、目で見た感動を、その一枚に封《ふう》じこめることができるので、どちらかといえばビデオよりは写真のほうが好き。赤ちゃんのころの写真なんて、見てるだけで目じりが下がってしまう。そのころ、だっこしていた腕《うで》の感触《かんしょく》や、ミルクのにおいが目の前に広がる。そう、一つひとつの感動がよみがえってくるのよね。

あーちゃん何さいですかー
2ちゃい!!
おにぃー
かわいいネッ
こういう遊びを見るたび「ビデオカメラもほしいナ」と、心がゆらぐこの前話を聞いた精神科《せいしんか》の先生が、「何かに行きづまったときには、原点にもどればいい」といわれていたのを思い出す。子育ての原点は、その子どもと初《はじ》めて出会った瞬間《しゅんかん》。それを思い出せば、目の前にある問題も、なんでもないことのように思えるだろうし、解《かい》決策《けっさく》も見えてくるだろう。だから、子育てや仕事で、心がトゲトゲしたときなんかに、子どもの赤ちゃんのころの写真を見るのは、けっこう効果がある。顔と体の緊張《きんちょう》が、不思議とほぐれる。

子育てにかぎらず、何にでもはじまり(原点)がある。不安もあったけど夢《ゆめ》と希望に満ちていたはず。「はじまりはいつも雨」ではなく、「はじまりはいつも晴れ」だった。そのころの写真を見ればわかる。それが、いつのまにやら、雲行きがあやしくなり、雨になったり、雷《かみなり》になったり。自分が晴れだったころのことを思い出せるように、また娘《むすめ》たちが何かで悩《なや》んでも、「愛されてるんやなぁ」と思えるアルバムを作っておこうかな。さぁて、どこから、手をつけようか。

子どもができてから写真っていいナと思うようになった
写真の量は生まれた順に減っていく
へへへ…
まーちゃんずるいわ
こんだけ～
あーたんない!
愛情がなかったんだよ
愛されてなかったのね私…
こ～んなことになったら…
写真の山
で、せっせと整理をしはじめるんだけど
えらいでしょ
いい心がけだねぇ
なんだぁ?
やっぱり見なかったことにするわ
巨大な山出現!!
何度もざせつをした
この夏休みにはもう一度挑戦だ
今度こそ…

他人とちがってても、いいやん

「えーと、どこにしまっておいたかいなぁ」

ブツブツひとりごとをいいながら、押《お》し入れの衣装《いしょう》ケースを、あちこちさぐる。と、出てきた出てきた。金魚と花の柄《がら》のゆかた。長女と二女が着てきたものなので、少しヨレ〜ッとしているが、まだじゅうぶん着られる。

「ほら、きれいやろー。これにな、赤い帯《おび》

道ゆく人が
み〜んな同じだったら
コワイ〜っ

を結んだら、めちゃくちゃかわいいで。明日の保《ほ》育園《いくえん》の夏祭りに着ていこな」というと、「かわいいなぁ」と、飛びついてきた四女。ふだん見慣《みな》れないモノには、何にでも好奇心《こうきしん》いっぱいなので、さっそくゆかたに袖《そで》を通していた。ちょうどいい丈《たけ》になっているのを見ると、背《せ》が伸びたんだなぁ、としみじみ思う。

三女はというと、まったく見向きもしない。ふーん、だれが着るんやろってな感じ。年中のクラスになったころ、「男チームと女チームに分かれて、ドッジボールするよ」と保母《ほぼ》さんにいわれて、まん中でどっちに入ろうか迷《まよ》っていた彼女《かのじょ》。最近では、女チームにしぶしぶ入るようになったので、私は「やっと、自分の性《せい》がわかったのね」と喜んでいた。

一人ひとり違うから
いいのよね

が、それもつかのま。小さくなった水着を買いかえるとき、「海パンでいい。それがダメなら、黒の水着にして」といわれ、倒《たお》れそうになった。そんな彼女《かのじょ》が、かわいいゆかたなど着るわけがない。「みんなゆかた着てきはるから、着て行こう」といっても、断固拒否《だんこきょひ》されてしまった。

五歳《さい》の彼女《かのじょ》には、彼女《かのじょ》なりのこだわりがある。左ききを無理に右ききにしなくてもいいように、男の子にあこがれているのに、無理に女の子にあこがれるようにしなくてもいい。私はそう思いながら、彼女のこだわりをなんとか尊重《そんちょう》している。

「ふーちゃん、何折る？　みんなイチゴを折ったはるよ」と、祭りの折り紙コーナーで、保母《ほぼ》さんにいわれた三女。赤い帯《おび》が机《つくえ》に向かって並んでいる端《はし》で、ウルトラマンの服を着た彼女《かのじょ》がいった。

「馬、折る」

なかなか、徹底《てってい》してるでしょ。

保育園の夏まつり前日のこと
おたよりに ゆかた着てきてねって書いてあるよ
いっ
おたより
まーちゃんもみーちゃんも着てたんやで
うへ〜
ギクッ
あったあった コレ
やった〜
これ着て〜な〜
いやや〜
かわいいなぁ
三女のいやがる姿を見て四女までもが…
そんな…
いや
だめ〜
でも、まぁこれが三女らしくていい

子どものころの体験は大事な「宝物《たからもの》」

「ちかちゃん、元気？」

受話器から聞こえる懐《なつ》かしい声。私の父の姉（伯母《おば》）から久しぶりに、電話がかかってきた。「みんなでワイワイいいながら、毎年海に行ったりして、よう遊んだなぁ。夏休みになると、思い出すわ」という伯母《おば》のことばに、頭の中は、一瞬《いっしゅん》にして昔へもどる。

路地でのボール遊びは
植木をこわすので
だめ!!
公園でも
禁止されている遊びが
多い

父の実家には、幼児期《ようじき》から中学生ごろまで、長期休暇《きゅうか》に入るやいなや、必ず大きな荷物を持って居候《いそうろう》しに行った。まわりは、小さなお寺や、田んぼ、畑にため池。子どもの私にとっては、どこも格好《かっこう》の遊び場だった。鍬《くわ》を持って、畑を耕《たがや》し畝《うね》を作ったり、虫網《むしあみ》を持って、いろんな虫を採《と》ったり、探検《たんけん》してまわった。村で、ただ一軒《いっけん》のお店のたばこ屋さんに、夕方行くのは、ちょっとしたきもだめしだった。祖父《そふ》は、竹で手作りのおもちゃを作ってくれたし、祖母《そぼ》は、いつもにこにこ見守っていてくれた。

父のきょうだいは六人いて、あっちこっちに泊《と》まり歩いたりもした。どこへ行っても、かわいがってくれたので、私には父親、母親

がたくさんいるような感じだった。電話をかけてきてくれた伯母《おば》の家には、同い年のいとこがいて、ほとんどきょうだいのような関係で育った。すごく居ごこちがよかったことを、今でも鮮明《せんめい》に覚えている。

最近は、親どうしでなんやかやとあったようで、行き来はあまりないみたい。よくある話だ。けど、私のふるさとは、だれがなんといおうと、父の実家。目を閉《と》じると、伯父《おじ》も伯母《おば》も亡き祖父《そふ》も祖母《そぼ》も、あのころのまま登場する。高速道路が、そばを通るようになり、景色《けしき》もずいぶん昔とは変わってしまったけど、思い出すのは、昔のまま。

私にとって、子どものころの、あの貴重《きちょう》な体験は、どれも今や大切な宝物《たからもの》のようなもの。何をするときでも、それらが基礎《きそ》になっているなぁ、と感じることが多い。娘《むすめ》たちにも、おとなになってから「宝物《たからもの》だ」といえる体験を、今いっぱいさせてやりたい、と思う。で、私たちのいる場所が、「ふるさと」になったらいいな。

父の実家がある
兵庫県加西市と
いうところが
私のふるさと
ここで
過ごした日々は
私にとって
大切な「宝物」
うん
おいしいか？
娘たちにも
大きくなってから
「宝物」と言える
体験をいっぱい
させて
やりたいナ
せみや
いこー
けど 朝早くから このさわぎだけは かんべんして〜
魚つり行こ!!
私はプール
こうえんで せみとりする
さぁーて
今日は
どこへ
行こ
うか
あのね…
きゃ〜

君がいるだけで、それだけで……

夏休み前、夫の仕事が落ち着くお盆《ぼん》休みには、「ゆっくりしようか」なんて、いっていたけど、いきなり十三日から、長女が検査《けんさ》入院することになった。順調に検査《けんさ》が終われば、今日退院《たいいん》してくる。これを書いているときは、まだ入院していないが、何度となく経験《けいけん》した検査《けんさ》といえども、一つまちがえれば、タイへ

長女の右手は
川崎病の
後遺症で
親指をのぞく
四本の指が第一関節から
欠損している
その右手で
器用に
何でも
こなす彼女

ンなことになるので、やはり緊張《きんちょう》している。
検査《けんさ》というのは、心臓《しんぞう》カテーテル検査《けんさ》といい、足のつけねの血管から、細い管を心臓《しんぞう》の所まで入れて、その管の先から造影剤《ぞうえいざい》を注入して、X線連続撮影《さつえい》を行う検査《けんさ》。血管の状態《じょうたい》や動脈瘤《りゅう》の形状《けいじょう》など、細かく調べられるので、川崎《かわさき》病の後遺症《こういしょう》がある彼女は、定期的にこの検査《けんさ》を受けている。

けど、「麻酔《ますい》いやや。苦しいし」と、毎回顔をしかめていう彼女《かのじょ》。検査《けんさ》が終わり、麻酔《ますい》が切れたときには、何とも苦しそうな表情《ひょうじょう》の彼女《かのじょ》を見ながら、私はいつも涙《なみだ》が出そうになる。

よくがんばってるよ、この年で。私が経験《けいけん》したことのないことを、わずか十歳《さい》にして何十回となく味わってきているんだもの。彼女《かのじょ》

時には 心ない言葉で
いじめられたけど
今は、いろんな人が
彼女を見守ってくれて
いるので少しずつ…
自分に
自信を
持つよう
に
なって
きた

の内なるパワーがどんどん大きくなっているように思う。いろんなつらさや悲しみを経験《けいけん》したぶん、人の気持ちもわかりすぎるぐらいわかるみたい。だからかなぁ。彼女《かのじょ》に出会うと、元気になっていく人が多い。

ふだん、目の前の問題にふりまわされ、本当に大事なことが見えなくなる。「成績《せいせき》が悪い」「忘《わす》れ物が多い」「泳げない」などなど、よく聞く母親の嘆《なげ》きが、彼女《かのじょ》の前では、ちっぽけなコトに見える。息をする。ごはんを食べる。彼女《かのじょ》を通して、あたり前のことが大切なんだと気づいた。生きていてくれる。私たちの娘《むすめ》として存在《そんざい》していてくれる。それだけでうれしい。そんなことを、病院へ行くたびに思う。

「まーちゃん、退院《たいいん》したらいっしょにプール行こな」の二女と三女のことばに、長女は目を輝《かがや》かせながらうなずいた。

今日、無事に退院《たいいん》してきますように。

夏休み前に かかってきた 一本の電話に あわてた 私たち
えっ?
なになに〜〜?
長女の 検査入院の 日が 決まったノダ
えらいこっちゃ〜 お盆休みに まーが入院や
うっ…
入院慣れしている長女は 今回も
がんばってくるし
えらいねぇ
必要なものを さっさと用意し
これもいる
忘れものないか
ガブッ
いいなぁ
笑顔で 病院へ 行ってしまう だろう
い、いってらっしゃ〜い
がんばれよ、
犬の柄のパジャマと マンガ買ってきてや
そして 長女が 家に帰ってくる まで 夫は また ぬけがら状態に なるだろう
もう少しのがまんや
こわい〜

そやけど、夫婦《ふうふ》って何なんやろね？

「なぁなぁ、ちーねぇちゃん（私のこと）、とうちゃんのこと好き？」

この質問《しつもん》は、娘《むすめ》たちから、いつも突然《とつぜん》されるので、「いっ？　さぁね」なんて、とぼけてみせることが多い。すると、「離婚《りこん》せんといてな」と、真剣《しんけん》にいってくる。「そんなん、するかいな。ラブラブやもんなぁ」と夫がいうと、

朝、なかなか起きないのは私…
おきゃー
グリコポーズ
そそそ…
早く起きた夫は さっさとコーヒーを入れる

ホッとした顔でにっこりする長女と二女。彼《かの》女《じょ》たちなりに、心配しているみたい。親が離《り》婚《こん》するしないが、子どもたちの間でも、話題になったりするのだろうか。

離婚《りこん》かぁ……。そこまで行かないまでも、「コノヤロー」と思ったことは、何度もある。家で一人《ひとり》イライラしながら、こわーい顔してウロウロしている夫を見たとき。「チカはな、食べてへんっていいながら、しっかり食べてるんやで」と、子守りをしてほとんど食べてない私を見て、しっかり食べている夫が、みんなに何度もいうとき。「おやすみ」もいわず、プイッと寝《ね》に行ったとき。などなど、小さいことから大きなことまで、いーっろいろある。夫も私に対してそう思ったことは、少し（そ

う思いたい）あったんじゃないかな。

でも、そんな微妙《びみょう》なすれちがいも、おたがい腹《はら》を割《わ》って話をすれば、「なぁんだ、こんなこと思ってたんだ」と気づき、相手のことが理解《りかい》できる。話をしなけりゃ、解決《かいけつ》できない。すれちがいが蓄積《ちくせき》していき、身動きできずにそれぞれが苦しくなって、離婚《りこん》に至《いた》ってしまうのかもしれない。ひょっとして、私の食べ物の恨《うら》みが、最終決《けっ》断《だん》をくだす原因《げんいん》になったりするのかも。そう思うと、本音で話ができる関係ができているか否《いな》かが、結婚《けっこん》生活を左右するといえる。

すっごく現実的《げんじつてき》な話だけど、おたがいがよりよい関係を築《きず》いていきたいと思えば、恋愛《れんあい》時代の夢《ゆめ》ある恋人《こいびと》どうしのまま、ずっといられるような気がする。結婚《けっこん》したら、「女も終わりだ」とか、「結婚《けっこん》は人生の墓場《はかば》だ」とか、夢《ゆめ》も希望もないことをいう人もいるけど。

年取っても、ゆっくり恋愛《れんあい》をしていたいって思う。以前、ある台所用洗剤《せんざい》のＣＭに出てたおじいちゃん、おばあちゃんみたいに、手をつないで買い物に行ったりなんかして。

時々 娘たちが こんな ことを 言う
リコン せんといてな
ぜったい あかんで
今まで ケンカをした ことがない 私たち
ベロベロベ〜
あのヤロ〜
けど 一人でスネたり イライラしたり することは よくある
かたづけろ
し〜
そんな時には お互い言いたい ことを言って 解決策を 練る
不満は ためず 愛情 ためて
ぼくたち ラブラブ〜〜♡
だめ〜
二人でゆっくり楽しく 年を重ねていきたいなぁ

テレビよりオモシロイコト、あるんやで

結婚《けっこん》したときに持ってきた二十一インチのテレビが五年前にこわれ、そのとき、テレビを見るのがあまり好きではない夫と私は、テレビのない生活にするかどうするか迷《まよ》った。けど、「いい番組もあるしなぁ」ということで、私の父がゴルフの景品でもらった十四インチのテレビをゆずってもらった。それ以来、そ

のテレビは、よく働いている。テレビ番組を見るより、レンタルビデオ店で借りてきたビデオを見るのに使われることのほうが多い。

　今やテレビのない生活は考えられない時代。娘《むすめ》たちに聞くと、子どもどうしの話題も、テレビ番組の内容《ないよう》が圧倒的《あっとうてき》に多いようだ。高学年にもなると、夜おそい時間に放映《ほうえい》されているドラマの話題に、花が咲《さ》くという。九時ごろには寝《ね》るわが娘《むすめ》たちは、ついていけないので、もっぱら聞き役にまわっているとのこと。

「テレビは、見せたほうがいいんやで。社会勉強にもなるし。それに、子どもが友だちとの話題についていけへんかったら、かわいそうやんか。子どもの気持ちも大事にしてや

りや」と、テレビを一日中つけっぱなしにしている私の母なんかはいう。親自身が、テレビっ子世代であるいま、親どうしでも、テレビを見てないと、話題についていけない、なんてこともあるようだ。

けど、夕食のあと、「ババぬきしよ」と、二女がいえば、「やろやろ」と長女と三女が飛んできて遊びはじめる。「今日はおどるでぇ」と長女がいえば、二女も三女も四女までもが、SPEEDのカセットテープの曲にあわせておどり狂《くる》う。字が読めるようになった三女が、「カルタしようよ」と誘《さそ》えば、「いいよ」とみんなで用意をする。ケンカをしながらも、楽しそうに遊んでいるのを見ると、こっちのほうが大事なのになって思う。

今は、人間関係が希薄《きはく》になり、コミュニケーションのとれない人がふえ、ジコチューが幅《はば》をきかせている。だからこそ、一番身近な家族という小さな社会の中で、いっしょに何かをしながら、人の痛《いた》みややさしさをウーンと感じていってほしい。きっと、テレビより得るものは多いはず。

1
テレビの見たい番組は
厳選して
見ている
たぬきさん
見えへんやろ〜
あれなに?
うわっ
2
切る時に
少し抵抗することも
あるけど
べー
そろそろ…
ブチッ
3
すぐに何かをして
遊びはじめる
いっ?!
はぁい
かぁさんが…
4
ケンカを
しながら
も
まぁまぁ
み〜のや
ふーちゃんの
5
うるちゃい
ピタッ
こういう
ことが
あったりして
6
すぐ
仲直り
ひゃひゃひゃ…
ぷっ
あかちゃん
ねんねちてる
から
し〜っ
テレビより
こういうことの繰り返し
から
得るものは
多いと思う

怪獣《かいじゅう》現《あらわ》る!!　ウルトラマン危《あや》うし

四女の生まれ持った性格《せいかく》が、二歳《さい》七か月でムクムクと表へ出てきた。太い眉毛《まゆげ》に、クルリン目玉、とんがった口。見るからに、一筋《ひとすじ》縄《なわ》ではいかない気の強そうな顔が、彼女《かのじょ》の性《せい》格《かく》をものがたっている。

「これは、うどんやで」と長女がいえば、

「ちがう。つるつるラーメン！」といいはり、

最後まで「うどん」であることを否定《ひてい》し続ける。自分がやろうとしたことをだれかに先にされてしまうと、これはもうタイヘン。ギャアギャア泣きまくり、こちらがいろんな「切り札」を出そうとも、目もくれない。気持ちが落ち着くまで、ジーッとこちら側が待てればいいが、急いでいるときにかぎって、こうなることが多い。まわりの視線《しせん》が痛《いた》いが、一度座《すわ》りこんでしまった彼女は、てこでも動かない。

長女も、二女も、三女も、ここまで強情《ごうじょう》ではなかった。「次は、してくれる?」とか「もう一度してみて」といえば、きげんが直ることもあれば、「ほら、これおもしろいで」と、モノでつることもできた。

四女をモノでつろうとしようものなら、そ

下からさんかくに
どんどん折る
持ち手のところを
できたさんかくの中へ
さしこむ
これは超べんり
バッグに一つどうぞ
買い物の時これを使えば必要以上の包装やスーパーの袋を断わることができるのよね

のモノを投げつけるわ、持ってきた人につかみかかるわ、たいへんな騒《さわ》ぎになる。お手上げ状態《じょうたい》の私と夫が、「もう知らんし。じゃあね、バイバイ」とその場を離《はな》れようとすると、必ず飛んできて、四女に説得を続けるのは、三女。「ふーちゃん、ほっとき」と、いっても、四女のそばを離《はな》れようとしない。

四女がまだ、はいはいをしていたころのこと。『あさえとちいさいいもうと』という絵本を読んでいた。いなくなった妹を、姉が必死でさがす、という内容のところで、ちょうど同じような状況《じょうきょう》が起こり、三女は大あわてで四女を追いかけた。四女がいなくなるということが、そのころからこわい三女は、どんなことがあろうと、彼女《かのじょ》を置いてはいけなくなってしまったよう。

「いややぁ」と叫《さけ》ぶ四女の横で、泣きながら「はよ、行こ」といい続ける三女の姿《すがた》を、最近頻繁《ひんぱん》に見る。そんな二人《ふたり》を見ていると、長女も二女も私も夫も、どんなにイライラしていても、心が和《なご》み、笑いがこぼれる。まるで、暴《あば》れる怪獣《かいじゅう》と説得に励《はげ》むウルトラマンに、癒《いや》されているみたい。

まーちゃんがしてあげる
だっこ
はーこ
かわいいかわいい四女が…
さあ行こう
洋式
最近あらゆる所でとつぜん…
かいじゅうになる
あーたんじぶんでおみじゅじぶんでとめるのや
ガオ〜
あばれてスネて
なぁ行こうよ
うん
ほっとこー
いこいこ
あやや〜
ウルトラマンを困らせる
みんな行ったらあかん
あーちゃん行こーよー
ばーかまぬけ
しばらくして急に…
笑いながら走っていく
それを見るとみんな大爆笑おこっていたことも忘れる
はっはっはっはっはな〜

見かけだけの美しさは、いらんよね

私も少しずつ年を取ってきた。鏡をよく見ると、シワができている。「へぇ、こんなふうにできるものなのね」と、すごく不思議な気持ちになる。

シワを見れば、その人の生きてきた人生がどのようなものであったか、うかがえるような気がする。すてきなシワの持ち主に出会え

ると、うれしくてうれしくて、目がシワに焦《しょう》点《てん》をあわせてしまう。

「高校生に、負けてられへん」といいつつ、なんともいえない化粧《けしょう》をしている人に会ったときには、絶句《ぜっく》してしまった。「シミ、シワ、くすみが、この世でもっともおそろしいものだ」とか。

「きたない顔して。化粧《けしょう》ぐらいしなさいよ」と、実家に帰るたび、母にいわれるが、化粧《けしょう》しなくてもいい環境《かんきょう》にあることも幸いして、今は結婚式《けっこんしき》があるとき以外、化粧《けしょう》はしない。それゆえ、化粧品《けしょうひん》は成人式のために買ったモノを、まだ持っている。

そんな私が、せっせと化粧《けしょう》をしたころもあった、二十代前半。よく、「あのメーカーの

化粧品《けしょうひん》、いいで」といわれれば、買いに走り、自分の顔に似合《にあ》わない色を塗《ぬ》りたくったもの。

化粧《けしょう》をしなくなったのは、子育てをするようになってから。「泥《どろ》だらけでも、いっしょうけんめい何かに向かっている姿《すがた》は、どんなモノより輝《かがや》いて見える。見かけだけの美しさは、私には必要ない」と思ったからだ。子どもたちに、教えてもらった。

長女も二女も、スタイルのいいカッコイイ女の人にあこがれはじめている。私がいない間に、私の化粧品《けしょうひん》で化粧《けしょう》をしていることもあった。「それ、めっちゃ古い化粧品《けしょうひん》やから、肌荒《はだあ》れするで」と脅《おど》して以来、さわりもしていないようだが。

どんなにキレイに着飾《きかざ》っても、中身が伴《ともな》っていなければ、キレイに見えない。いいことをいっていても、行動が伴《ともな》っていなければ、意味がない。見かけばかり気にするより、本当に大事なものを、みがいていくにはどうしたらいいか。すてきなシワができる人になるにはどうしたらいいか。娘《むすめ》たちといっしょに、考えていこうと思う。

二女も
ほら 上と下の組み合わせ いいでしょ
え〜〜
長女も
今度は どんな髪型にしよーかナノ
へんなの〜
なんだか…
ただい…
ないしょ ないしょ
ひひひ…
キャピキャピしてきた
これめっちゃかわいい
OH〜NO!!
見かけより大事なものがあることに
これがいちばんかっこいいで〜きてみ〜
なかなか
いらんわ
少しずつ気付いていってほしいナ
ほら みてみて! シワ
なになに?
いっ?!

「がんばらない時間」

九月に入ってからというもの、なんだか家の中が、いつにも増《ま》して、ドタバタと落ち着かない。

長女も二女も、学校では運動会の練習や、ブラスバンドの練習、どんどん進む授業《じゅぎょう》と宿題に追われ、そのうえ放課後はピアノ、合唱団それぞれの練習があり、土日も行事が続く。

夫も同じで、「家に帰ってきたなぁ」と思ったら、夕食をかきこんで、また仕事に出かける日が多い。

超《ちょう》ハードな毎日で、そのうえ、ゆっくり父親に聞いてほしい話も、聞いてもらえないということで、長女も二女もバランスをくずす。で、家庭内でトラブル続発。イライラムードに、こちらまでイライラする。

「やめとき！」と私がいえば、「何も知らんくせに、いわんといて。アホ」と長女。「アホ」といわれちゃあ、黙《だま》ってられない。「なんで、そんなこというの？」「なんで、そんなにイライラしてんの？」と、突《つ》っこむと、最初は、「ふん」と取り合わなかったが、あまりにも私がしつこく「なんで？」をくり返すため、

にげられなくなった長女は、口を開きはじめた。そのときの原因《げんいん》は、多い宿題のことだった。テキトーに要領《ようりょう》よくやっている二女とは対照的な長女は、「やらなければならない」モノに、かなりのプレッシャーを感じてしまうタイプ。だから、この宿題のことが原因《げんいん》というのはよくある。

「モノや人にあたったらあかんやん。しんどかったら、しんどいってゆうてええねんで。そんながんばらんかってええって」といいながら、長女をギューッと抱《だ》きしめた。すると、ポロポロ涙《なみだ》を流した長女。足の先まではりつめた神経《しんけい》が、ほぐれていくのを、私は腕《うで》の中で感じた。

このとき、「立ち止まる」ことの大切さを、改めて実感した。人は、時間に流される。いいときは、それでいいかもしれないけれど、「ちょっとおかしい」と思ったら、立ち止まり、見つめなおす。ドタバタの毎日の中で、なかなかそんなにカンタンにはいかないけれど、そういう時間を、うまく作っていけるようになりたい。

秋は行事が多くて長女も二女も超多忙
うわっ!!
おくれる
ついでに夫も…
秋眠暁を覚えずの、私と三女と四女
いってきま～す
相変わらずマイペースなのだが
あ～おいし
ドボドボ
一人がイライラしていると
みんなにうつってしまう
どうしてケンカになったのか考えていくと
なんでそういうことになったんや～
イライラの原因がはっきりとわかってくる
ふん
こういう時間がすごく大事なんだなぁ
そんなにがんばらんでいいって
次わたし!!
ふ～ちゃんも
だめ～

あとがきにかえて

昼寝《ひるね》が好きで、ゴロゴロゴロゴロ……。見るに見かねた夫がいった。「ナマケモノ！」

育児日誌《にっし》は、三日坊主《ぼうず》に終わり、毎年発行するはずの家族新聞は、一～五年に一回の不定期発行になってしまう。家族日記をつけようと、家族で順番を決めてまわしはじめても、私で止まる。何をやっても続かない。

私は私でいそがしい、と思っている。レオ・レオニの『フレデリック』という絵本にでてくるフレデリックみたいに、おひさまの光を集め、色を集め、ことばを集めているんだから。なーんて理屈《りくつ》を述べ、ゆったりした時間を楽しんでいた。

が、こんな私に、京都新聞の連載《れんさい》の話が舞《ま》いこんだ。かけるときにかくという、締《し》め切《き》り破りの私に、そんな大きな仕事ができるのだろうか、と夫はハラハラしていた。毎週一回、カラーマンガと文章。連載《れんさい》は、一年間続いた。

自分の子育てを客観的に見るいい機会をあたえてもらった。なにげなく見てきたことや感じてきたことを、文章にすると、いろんなことがはっきり見えてきた。また、書いてしまったがために、実行しなければならないこともあった。娘《むすめ》たちも夫も、「何書かれるんやろ」と内心ヒヤヒヤしていたかもしれない。

日々ゴロゴロしているのもいいが、毎週の締《し》め切《き》りに追われる生活も、なかなか気持ちのいいものだった。部屋《へや》の中をクマのごとくウロウロ歩きまわったり、いすに座《すわ》りながら、熟睡《じゅくすい》したり、アイデアが浮《う》かばなくて、夫に噛《か》みついたりして、家族には多大なキョーフをあたえ続けてしまったが。

人間やれば、できるものである。身をもって実証《じっしょう》してしまった。

そして、なんとこの連載《れんさい》を、一冊《さつ》の本にまとめることになった。夢《ゆめ》のような話である。このような機会をあたえてくださった北大路書房の関一明氏、田中美由紀氏に、心から感謝《かんしゃ》しております。

いま、長女まーちゃんこと茉耶《まや》は小学校六年生、二女みーちゃんこと未生《みく》は小学校五年生、三女ふーちゃんこと文葉《ふみは》は保育園の年長、四女あーちゃんこと編《あみ》は、やっと年少になった。

競争、管理教育、いじめの三つを共通して体験した最初の世代が、親になってきている現在《げんざい》、「子育てだけが自己実現《じつげん》」という母親が多いという。だが、子どもは、親の所有物ではなく、ちゃんとした人格《じんかく》を持った一人《ひとり》の人間なんだなぁ、と四人を見ているとつくづく思う。その娘《むすめ》たちの成長を、一番身近で見ていられることが、うれしくてたまらない。一人ひとりまったくちがうから、それがまたオモシロイのよね。
今後もまだまだ子育て、いやいや、自分育ての旅は、続きます。

SEE YOU AGAIN

二〇〇〇年五月

清水秩加

料理のことなら長女
♪プレシャスタイム♪
んーいいにおい
ねぇまんまちて
1
工作のことなら二女
ぶーぶー
チョキチョキ
2
おりがみ名人三女
ひこうきできたでー
ひこおきぶーん
3
そして今、家族のまとめ役は四女
いってーのれいーたらきまちゅ
4
ケンカをしたり言うことをきかへんかったり
目がグルグルまわる時もあるけど
ちょっとまって
べ〜
ポカッ
うわぁ〜ん
5
それぞれのちがいが認めあえる四姉妹の子育てはオモシロイ
チュッ♡
ふえ〜
かわいいねー
ままー
6

[この本の中にでてきた本・映画など]

『あさえとちいさいいもうと』(こどものとも傑作集)
　筒井頼子，林　明子　福音館書店

『ころぽっくるの手』
　野寺夕子　(財)たんぽぽの家

『じごくのそうべえ』(桂米朝・上方落語・地獄百景より)
　田島征彦　童心社

『はじめてのおつかい』(こどものとも傑作集)
　筒井頼子，林　明子　福音館書店

『バムとケロのおかいもの』
　島田ゆか（作・絵）　文溪堂

『フレデリック－ちょっとかわったねずみのはなし』
　レオ・レオニ，谷川俊太郎　好学社

映画「細雪」(東宝，1983年)
　谷崎潤一郎（原作)，市川崑ほか（脚本)，市川崑（監督)

映画「もののけ姫」(東宝，1997年)
　宮崎　駿（監督，原作，脚本)

テレビアニメーション「いなかっぺ大将」(フジテレビで放映)
　川崎のぼる（原作)

テレビアニメーション「ゲゲゲの鬼太郎」(フジテレビで放映)
　水木しげる（原作)

テレビアニメーション「サザエさん」(フジテレビで放映)
　長谷川町子（原作)

京都新聞朝刊連載　「平成の若草物語」

（平成十年十月六日～平成十一年九月二十九日）

より

[著者紹介]

清水　秩加（しみず　ちか）

1965年兵庫県加西市生まれ。イラストレーター。
大阪教育大学在学中に結婚し、長女を出産後、卒業。年子で二女を産み、神戸の小学校で図工専科講師をする。その後、京都でＰＲ紙などの編集にたずさわる。三女、四女を出産後、自宅で子どもに絵を教えながら、イラストレーターとして活動中。
著書に『川崎病にかかった小さな命』（かもがわ出版）。
京都市北区在住。

京都発
平成の　若草ものがたり

2000年5月10日　初版第1刷印刷
2000年5月20日　初版第1刷発行
定価はカバーに表示してあります。

著　　者　清水秩加
発 行 者　丸山一夫
発 行 所　(株)北大路書房

〒603-8303　京都市北区紫野十二坊町12-8
電話（075）431-0361（代）
FAX（075）431-9393
振替　01050-4-2083

ISBN 4-7628-2176-4　Printed in Japan